MAURICE GILBERT SJ

Les Jésuites et la Terre Sainte

GREGORIAN & BIBLICAL PRESS

Cover: Serena Aureli
Layout: Lisanti srl - Roma

© 2014 Pontifical Biblical Institute
Gregorian & Biblical Press
Piazza della Pilotta, 35 - 00187 Roma, Italy
www.gbpress.net - books@biblicum.com

ISBN: 978-88-7653-**668**-7

TABLE DES MATIÈRES

Préface, par le P. Francesco Rossi de Gasperis — 7
Introduction — 13

Première partie
L'expérience fondatrice — 15

Le pèlerinage d'Iñigo à Jérusalem en 1523 — 17

Deuxième partie
Quatre siècles d'absence — 59

Jérusalem pour Ignace et ses premiers compagnons de 1534 à 1556 — 61
Des jésuites de passage à Jérusalem de 1556 à 1773 — 69
Jérusalem et les Jésuites de 1814 à 1909 — 89

Troisième partie
Les Jésuites s'installent en Terre Sainte — 95

Les Jésuites de l'Institut Biblique Pontifical de 1909 à 2012 — 97
Quelques autres Jésuites en Terre Sainte entre 1960 et 2012 — 129

Conclusion — 141
Bibliographie — 143
Index des noms de personnes — 149

Dos eventos distintos, pero importantes, se evocan este año en nuestra memoria: el Papa Francisco, en su primer viaje a Tierra Santa, encontrará al Patriarca Bartolomé I para celebrar juntos aquel histórico abrazo que hace 50 años se dieron en Jerusalén el Papa Pablo VI y el Patriarca Atenágoras; por otra parte, el 7 de agosto se cumplirán doscientos años de la bula *Sollicitudo Omnium Ecclesiarum* por la que el Papa Pío VII restauraba en 1814 la Compañía de Jesús. Jerusalén y la Compañía de Jesús son los dos polos de la presente publicación.

Hace pocos años, con ocasión del primer centenario de la fundación del Pontificio Instituto Bíblico (1909-2009), el P. M. Gilbert recogió magistralmente en un libro su historia. La presente publicación del mismo autor nos permite sumarnos a la alegría de las dos efemérides que celebramos este año, trayendo a la memoria los nombres y la historia de quienes, desde la "sucursal" del Bíblico en Jerusalén, han mantenido viva la relación de la Compañía con la Tierra Santa. Nosotros la entendemos como prolongación del primer amor de Ignacio de Loyola hacia la tierra que fue testigo del paso de Jesús de Nazaret por la historia de la humanidad. Ojalá el recuerdo de estos hombres fomente el ecumenismo y alumbre una renovada dedicación de la Compañía de Jesús a la Palabra de Dios.

José María ABREGO DE LACY, S.J.

PRÉFACE

Ce livre, rien qu'en soi et pour l'histoire qu'il rappelle en détail, montre, s'il en était besoin, – et ce besoin est encore grand, – que, dans la tradition spirituelle de la Compagnie de Jésus d'Ignace de Loyola, Jérusalem n'a jamais été vraiment supplantée par Rome ; celle-ci n'est jamais devenue réellement et continue à ne pas être, malgré mille hésitations, une « substitution » de la « Terre du Saint ».

Le Jésus de Nazareth de la Compagnie de Jésus n'a jamais été « romanisé », mais reste celui des « synagogues, villes et bourgades dans lesquelles le Christ notre Seigneur prêcha » (*Exercices spirituels*, n° 91). L'Église de Rome est « sentie » par Ignace et par les jésuites non comme une Curie monarchique ou une Court de la « Hiérarchie » ecclésiastique, mais comme la communauté hiérosolomytaine de Pierre, des Douze et de Marie, dont le Souverain Pasteur, – comme le disait Benoît en renonçant au ministère pétrinien, – est le Seigneur Jésus Christ. En fait, l'évêque de Rome est surtout le successeur de Pierre, le pêcheur pécheur. En outre, l'horizon missionnaire de la Compagnie demeure le monde entier, jusqu'aux confins de la terre, en passant par Jérusalem, comme aurait voulu le faire François Xavier pour retourner en Europe et comme l'ont fait tant de jésuites voyageant vers l'orient. Je rappelle uniquement l'itinéraire extraordinaire du martyr japonais Pedro Kasui, dont parle telle page de ce livre.

La christologie, l'ecclésiologie et l'horizon missionnaire des jésuites sont restés et restent inséparablement ancrés à Jérusalem, comme ce fut le cas dès le début de la conversion d'Ignace. Pour un jésuite, la Terre Sainte reste spirituellement « insurpassable, irremplaçable et irréductible à Rome ».

La personne même qui écrit ce livre est une démonstration vivante du primat et de la permanence de Jérusalem dans l'aventure spirituelle ignatienne. Dès l'été de 1967, étudiant l'hébreu moderne dans un Ulpan, il prenait ses premiers contacts avec Jérusalem et toute la Terre Sainte. Entre 1978 et 1984, en tant que recteur de l'Institut Biblique Pontifical de Rome, dont dépend l'Institut de Jérusalem, Maurice Gilbert visitait la Ville Sainte au moins une fois l'an. Puis, de 1984 jusqu'en 2008, il fut à plusieurs reprises directeur de l'Institut et aussi supérieur de la communauté jésuite de Jérusalem, tout en portant une attention spéciale à l'organisation et à la tenue à jour de la bibliothèque.

Son engagement ne fut pourtant pas essentiellement administratif. Outre le fait qu'il fut un historien de valeur, ainsi que le présent ouvrage et d'autres écrits le montrent, il a été surtout un exégète reconnu comme professeur de la littérature sapientielle à l'Institut Biblique de Rome, de même qu'à l'École Biblique et Archéologique Française de Jérusalem, dirigée par les Pères Dominicains, où il fait cours depuis 1984 jusqu'à ce jour. À quoi s'ajoutent d'innombrables conférences et exercices spirituels donnés à des groupes venant de diverses parties de l'Église, en particulier d'Italie, et à beaucoup de communautés religieuses de Terre Sainte, tout en participant aux programmes de renouveau du Centre de Formation Biblique, tenu par les Soeurs de Notre-Dame de Sion dans leur couvent de l'*Ecce Homo*.

Il me semble que le rôle de Maurice Gilbert a été surtout notable dans ce que j'appellerais le champ œcuménique intra-catholique en Terre Sainte. Comme on le lira, au temps du Père Leopold Fonck et du Père Marie-Joseph Lagrange, les relations entre jésuites et dominicains suivaient parallèlement les mêmes voies politiquement hostiles à l'époque entre l'Allemagne et la France. Il en était de même entre les Français du Centre Ratisbonne, de l'École Biblique et de l'Institut Biblique et les Franciscains italiens du *Studium Biblicum Franciscanum*, situé au couvent de la Flagellation, sur la *Via Dolorosa* de Jérusalem. Entre savants et institutions catholiques, l'indifférence réciproque, quand il ne s'agissait pas d'hostilité et de mésestime, présentait un scandale non négligeable pour la population arabe et, plus tard, pour la population israélienne du pays. Au temps où il séjournait à Jérusalem, Maurice Gilbert a agi plus que tout autre pour assainir ce triste scandale en semant la confiance réciproque. C'est lui qui a permis que nos étudiants de l'Institut Biblique de Rome fréquentent les cours d'exégèse des Dominicains de l'École Biblique, car c'est lui qui obtint que ces derniers puissent offrir le doctorat en sciences bibliques. Il fut aussi favorable à ce que nos étudiants romains soient confiés aux Pères Franciscains de Jérusalem pour le cours annuel d'archéologie. Il a contribué aux travaux concernant les vertus religieuses du Père Marie-Joseph Lagrange en vue du procès de béatification du génial fondateur de l'École Biblique. Sa maîtrise des langues et son amabilité, sa distinction affable, lui ont ouvert la porte de tant d'institutions et de communautés, catholiques et chrétiennes ou non, hébraïques et arabes, européennes ou américaines, avec le résultat hautement appréciable de donner vie à un témoignage de fraternité et de charité évangéliques entre catholiques et entre chrétiens, que l'on ne rencontre pas toujours dans la Terre du Saint.

Nous lui sommes reconnaissants de faire mémoire dans ce livre d'une page très significative de notre histoire ignatienne.

Francesco Rossi de Gasperis, S.J.

INTRODUCTION

On dira de Sion:
"Tout homme y est né" (Ps 87,5)

Nos racines sont à Jérusalem. C'est aussi vrai des Compagnons de Jésus. Et tout d'abord d'Ignace de Loyola. Son projet de s'y établir a pourtant essuyé un refus. Par la suite, devenu Général de la Compagnie, il gardait l'espoir d'y implanter un collège ou une résidence. Cet espoir fut ensuite partagé par d'autres jésuites durant quatre siècles: toujours en vain. Seuls des pèlerins jésuites, – ils furent assez nombreux, – purent visiter la Ville Sainte et le pays. Il fallut attendre la création par le Saint-Siège d'une succursale de l'Institut Biblique Pontifical à Jérusalem pour qu'enfin le rêve ignatien se réalise, modestement cependant. Depuis un demi-siècle, quelques autres jésuites opèrent en Terre Sainte. C'est toute cette histoire que ce livre raconte par le menu.

Pour comprendre cette étrange aventure, il faut rappeler que, de 1517 à 1917, Jérusalem et la Terre Sainte firent partie de l'Empire Ottoman. En outre, jusqu'en 1847, seuls les franciscains de la Custodie de Terre Sainte avaient autorité sur les catholiques, habitants ou pèlerins, et sur les sanctuaires; établis depuis 1333, au temps des Mamelouks, leur position sous les Ottomans s'avéra souvent difficile, pour ne pas dire plus. Le rétablissement du Patriarcat latin de Jérusalem en 1847 mit fin au quasi monopole des Pères franciscains: d'autres ordres ou congrégations religieuses, masculines et féminines, vinrent s'installer en Terre Sainte.

En 1917, les Britanniques prirent la relève des Ottomans jusqu'à la création de l'État d'Israël en mai 1948; le résultat fut que le pays fut alors divisé en deux: Israël d'un côté et la Jordanie de l'autre, la vieille ville de Jérusalem étant sous contrôle jordanien. Cette situation perdura jusqu'en juin 1967, quand Israël prit le contrôle de tout le pays jusqu'au Jourdain.

Le récit qu'on va lire est le fruit de recherches personnelles, en partie déjà publiées ailleurs, mais que je reprends ici à nouveaux frais.

PREMIÈRE PARTIE
L'expérience fondatrice

LE PÈLERINAGE D'IÑIGO
À JÉRUSALEM EN 1523

C'est entre deux projets de vie avortés que s'inscrivent l'idée et la réalisation du pèlerinage en Terre Sainte d'Iñigo de Loyola. Il en fit le récit entre 1553 et 1555 au père Gonçalves da Câmara, qui le mit par écrit. Ce texte, communément appelé le *Récit du Pèlerin* (*RP*)[1], servira de base, mais d'autres documents seront aussi utilisés pour jeter leur lumière sur ce que vécut Iñigo de mai 1521 à octobre 1523. Ces deux années peuvent se diviser en deux périodes: de mai 1521 à février 1523, soit de la blessure de Pampelune au départ de Manrèse, puis de février à octobre 1523, le pèlerinage proprement dit.

Vues sous un autre angle, ces deux années sont coupées par deux périodes itinérantes, toutes les deux en fonction de Jérusalem et séparant trois séjours où l'essentiel se passe: à Loyola, à Manrèse et dans la Ville Sainte. Chacune de ces

---

[1] Je citerai la traduction d'A. THIRY.

haltes se scande au même rythme: un projet auquel Iñigo est conduit à renoncer pour entrer dans une voie nouvelle qui, étape par étape, va orienter sa vie. En 1521, il a trente ans.

I. De Loyola à Manrèse: mai 1521–février 1523

Le *RP* consacre les trois premiers chapitres à cette période initiale. L'important ici, plus que les événements, c'est l'itinéraire spirituel d'Iñigo durant ces deux années ou presque.

A. Loyola

La première étape va du 20 mai 1521, jour où Iñigo fut blessé à Pampelune, jusqu'en février 1522, date de son départ de Loyola. C'est le temps de la conversion.

1. De mai à août-septembre 1521, c'est-à-dire jusqu'à la fin des souffrances physiques. Ces trois ou quatre mois sont marqués par trois chocs: la jambe brisée à Pampelune, le rajustement des os à Loyola et, encore à Loyola, l'ablation de l'os proéminent. Iñigo vit ces mois dans un état d'esprit mondain: d'une part, il est pris par "la vanité du monde" (*RP* 1) et, pour la dernière opération, "parce qu'il était déterminé à suivre le monde et estimait qu'il serait

enlaidi" par cet os saillant, "chose déplaisante à voir" (*RP* 4); d'autre part, ce souci mondain s'accompagne d'une force d'âme et d'un courage exceptionnels, en ce sens qu'Iñigo réalise de véritables exploits: tout d'abord à Pampelune, où sa seule ardeur redonne courage à la garnison, laquelle se rend quand il tombe, puis, à Loyola, où cette "boucherie" (*RP* 2), l'une imposée par la médecine et l'autre voulue par lui seul, est affrontée chaque fois sans plainte, les poings serrés. Pourtant ces mois de souffrances sont aussi marqués par une descente vers la mort, suivie d'une remontée à la vie et le moment du renversement de sens est la nuit du 28 au 29 juin, fête des apôtres Pierre et Paul: "le malade avait toujours eu de la dévotion à saint Pierre et c'est au milieu de cette nuit que Notre Seigneur permit qu'il commença à se trouver mieux" (*RP* 3).

2. La période de convalescence est celle de l'entrée imprévue du projet de Jérusalem. Iñigo demandait des romans de chevalerie, mais on ne trouva au château que la *Vie du Christ* du chartreux Ludolphe de Saxe et la *Légende dorée* ou *Fleurs des saints* du dominicain Jacques de Voragine.

Ballotté entre ses rêves mondains, entre autres pour une "certaine dame" (*RP* 6), et les pensées que l'attrait des livres reçus suscitait en lui, "ses yeux s'ouvrirent quelque peu" et, pour la première fois, il comprit "la diversité des esprits dont il était agité, l'esprit du démon et l'esprit de Dieu" (*RP* 8): l'esprit de Dieu lui donnait une consolation qui demeurait. Quant à la qualité des pensées qui s'agitaient en lui, mondaines ou dans le sillage de ses lectures, elles visaient, les unes et les autres, des prouesses; mais si, pour la dame en question, "sa présomption était telle qu'il ne voyait pas que c'était irréalisable" (*RP* 6), les "entreprises difficiles et pénibles" qu'il envisageait pour imiter saint François, saint Dominique et, précise Nadal[2], saint Onuphre lui semblaient "faciles à réaliser"; ces pensées-ci s'animaient donc du "désir d'imiter les saints", sans le discernement qui tient compte de leur situation propre. Prouesses donc, d'un côté comme de l'autre, où l'on reconnaît l'Iñigo des mois précédents; illusion aussi de part et d'autre, mais avec cette différence que l'idéal mondain pour la dame le laissait "sec et mécontent" (*RP* 9), tandis que le rêve religieux seul lui donnait une consolation qui demeurait. Quel était le contenu de ce "désir d'imiter les saints", où l'on voit poindre l'insertion ecclésiale? "Se rendre nu-pieds à Jérusalem, ne manger que des herbes et se livrer à toutes les autres aus-

---

[2] MHSI 90, p. 270.

térités qu'il voyait pratiquées par les saints" (*RP* 8). Ce résumé d'Iñigo, où, pour la première fois, apparaît le projet du pèlerinage à Jérusalem, s'inspire de la lecture des deux livres reçus. Dès sa préface, Ludolphe de Saxe écrivait[3]:

> Contempler la Terre Sainte est certainement un saint et pieux exercice [...]. Qui peut raconter combien les dévots cheminent et marchent par chacun de ces lieux et, avec un esprit enflammé, baisent la terre, vénèrent et embrassent les lieux où ils savent et apprennent que Notre Seigneur s'est trouvé ou qu'il a quittés ou encore qu'il y a accompli quelque chose?

La dimension christologique était donc aussi présente, peut-on penser, à la conscience d'Iñigo, d'autant que les autres précisions du projet s'inspirent d'exemples de saints dont la Terre Sainte n'avait été ni le projet ni un fait de leur vie: l'idée d'aller nu-pieds fait penser à saint François, celle de se nourrir d'herbes apparaît à propos de saint Onuphre dans la *Légende dorée* et, pour Dominique, celle des austérités, dont la discipline (*RP* 9 et 13).

---

[3] LETURIA, *El gentilhombre*, p. 174-175.

Cette période de convalescence au lit est encore marquée vers la fin, si l'on comprend bien (*RP* 9), par deux touches importantes. Ce désir d'imiter les saints fut la réponse d'Iñigo au retour sur lui-même provoqué par la prise de conscience qu'il était agité par divers esprits: "n'ayant pas tiré peu de lumière de ces lectures, il se mit à réfléchir plus sérieusement à sa vie passée et à la grande obligation qu'il avait d'en faire pénitence"; il s'est donc découvert pécheur et les austérités des saints, s'il les pratique, seront sa façon de faire pénitence. Ces austérités sont essentiellement corporelles et sont encore des prouesses. Pourtant Ignace reprend: "Son seul désir était d'aller, dès qu'il serait guéri, à Jérusalem [...], en s'imposant toutes les disciplines et toutes les abstinences que peut souhaiter un cœur généreux et enflammé de Dieu" (*RP* 9). Ainsi l'amour de Dieu justifiait davantage ces austérités imitées des saints que l'obligation de réparer sa vie passée, et cet amour de Dieu est "enflammé", loin de la banalité, comme tous les élans d'Iñigo jusqu'à présent.

3. La période de rétablissement, alors qu'il peut enfin circuler un peu dans le château (*RP* 11), est celle de l'affermissement des propos spirituels et de leur confirmation.

Celle-ci lui fut donnée par grâce lorsque, "une nuit qu'il ne dormait pas, il vit clairement une image de Notre-Dame avec le Saint Enfant Jésus" (*RP* 10). Le fruit de cette vision fut "une telle nausée de toute sa vie passée, spécialement des choses de la chair, qu'il lui semblait qu'on avait effacé de son âme toutes les images qui jusque-là y étaient gravées". Faut-il comprendre que, du coup, ses rêves concernant "une certaine dame" s'évanouirent? Peut-être, mais pas seulement: le retour sur soi commencé durant la période précédente s'accompagne à présent non plus du sentiment d'une "grande obligation d'en faire pénitence" (*RP* 9), mais d'une "nausée" de tout son passé.

De plus, le renversement qui s'est opéré dans le cœur et les pensées d'Iñigo transparaît à présent. Certes, la famille devait savoir quels étaient ces deux livres qu'il lisait et méditait, mais jusqu'à maintenant il a vécu seul son retournement. Désormais, les gens de la maison peuvent le voir et l'entendre. Il le dit expressément à Câmara (*RP* 10-12). Tout d'abord, "ils remarquèrent à son extérieur le changement qui s'était opéré en son âme" (*RP* 10): "tout le temps qu'il passait auprès des siens, il le consacrait à parler des choses de Dieu, faisant ainsi du bien à leurs âmes" (*RP* 11). Conversion, projet de pèlerinage et de vie pénitente, amour enflammé de Dieu, tout cela débouche donc sur un premier témoignage d'apostolat. Les grâces reçues le poussaient à aider autrui.

L'extériorité se manifeste encore par le fait que, de la *Vie du Christ*, il calligraphie – et "il avait une très belle écriture" – "les paroles du Christ en rouge et celles de Notre-Dame en bleu, dans un livre ou gros cahier d'environ trois cents pages": ce qui s'est passé dans son for intérieur, il le "corporalise", si l'on peut dire, par cette écriture soignée; les mains comme la langue sont déjà au service du Seigneur. Les yeux aussi, attirés par le ciel des nuits étoilées, lui font éprouver "un très vif élan pour servir Notre Seigneur" (*RP* 11), même si les jambes, ajoute-t-il, ne pouvaient pas encore être mises à ce service.

Ici intervient une nouvelle touche. Jusqu'à présent, à Loyola, il n'envisageait que le pèlerinage en Terre Sainte; il se posa ensuite la question de ce qu'il ferait au retour; sa vie de pénitence, il pourrait la passer à la chartreuse de Séville, en cachant son identité – voilà le trait nouveau – "pour qu'on fît moins de cas de lui", et en n'y mangeant que des herbes, comme Onuphre, mais cette idée de la chartreuse le refroidissait quand il se mettait à envisager une vie pénitente "en allant de par le monde", car, à la chartreuse, "il craignait de ne pouvoir y donner libre cours à la haine qu'il avait conçue contre lui-même" (*RP* 12) depuis la vision de l'image de Notre-Dame avec Jésus.

Pour y voir clair, il profita d'une occasion qui s'offrait pour obtenir des renseignements sur le genre de vie à la chartreuse de Burgos et les informations reçues "lui plurent", sans pourtant exclure l'alternative et, de toute façon, "il était tout absorbé par le voyage qu'il comptait bientôt entreprendre, tandis que cette question ne devait être réglée qu'après son retour" (*RP* 12).

On voit donc qu'Iñigo tenait fortement à la réserve sur lui-même, en réaction à ce "grand et vain désir de gagner un nom" (*RP* 1) qui l'animait jusqu'au temps des opérations chirurgicales: déjà il vit l'*agere contra* des *Exercices.* On observera aussi le recours aux moyens humains pour sortir d'un dilemme intérieur et le sens probablement inné d'Iñigo de vivre le présent, puisque l'affaire de la chartreuse ne devait être résolue qu'au retour de Terre Sainte.

En févier 1522, se sentant assez en forme, bien qu'il fût encore obligé de bander la jambe droite (*RP* 16, ajout), il se décida à partir. Le but ultime du voyage était évidemment Jérusalem, mais il ne le dit encore à personne, bien que "son frère et quelques personnes de la maison soupçonnaient qu'il voulait opérer quelque grand changement dans sa vie" (*RP* 12, ajout). Il prétexta donc une visite nécessaire à Navarrete au duc de Najera, son parent, au service duquel il était engagé depuis 1517. Et c'était la vérité "pour laquelle il avait déjà un respect scrupuleux": ainsi, sans dévoiler son projet de pèlerinage à Jérusalem et en ne révélant que le terme réel de la première étape, il quitta Loyola.

B. *De Loyola à Manrèse*

La période envisagée ici couvre près d'un an, de la fin de février 1522 à la mi-février de l'année suivante. Elle se subdivise en deux: tout d'abord le voyage de Loyola jusqu'aux environs de Barcelone, soit un peu plus d'un mois, puis le séjour imprévu de dix mois à Manrèse.

1. Le chapitre II du *Récit du Pèlerin* raconte les épisodes majeurs du voyage en direction de Barcelone, car c'était là qu'Iñigo devait prendre le bateau pour joindre Rome et, à Pâques, y obtenir du Saint-Siège la permission d'aller en Terre Sainte; de là il aurait à gagner Venise pour y mon-

ter au début de l'été sur le navire des pèlerins. Tout cela, Iñigo le savait et son calcul du temps était exact: "il estimait qu'il était temps de se mettre en route" (*RP* 12).

Le récit de l'étape espagnole de son pèlerinage est parfaitement encadré par deux nuits passées en prière devant une statue de la Vierge et en perspective de Jérusalem.

Aranzazu se situe dans la montagne à une vingtaine de kilomètres au sud de Loyola. Iñigo était parti à dos de mule, vêtu noblement, en compagnie d'un de ses frères, Pedro López, semble-t-il, curé d'Azpeitia, la paroisse de Loyola; deux domestiques, dont les noms sont connus, leur sont joints. Pedro López était disposé à faire un bout de chemin avec son frère jusqu'à Oñate, sur la route qui mène à Aranzazu, mais Iñigo le persuada de "faire avec lui une veillée à Notre-Dame d'Aranzazu; il y fit oraison pour obtenir de nouvelles forces pour le voyage" (*RP* 13). Iñigo n'a pas dû dévoiler à son frère prêtre son projet d'aller en Terre Sainte, car le premier auquel il le dira sera son confesseur à Montserrat (*RP* 17). Les nouvelles forces qu'il demanda furent surtout d'ordre physique, car sa jambe droite était toujours bandée et, de fait, chaque soir de ce premier voyage, il la trouvait enflée (*RP* 16, ajout); ce furent aussi des forces de courage pour mettre en pratique son programme de pénitence: le confirme cette addition marginale sur la discipline que, depuis lors, il se donnait chaque nuit (*RP* 13).

Pourquoi cette insistance d'Iñigo auprès de Pedro López afin qu'ils veillent ensemble devant la Vierge? Les deux avaient commis, durant le carnaval de 1515, un esclandre nocturne à Azpeitia, pour lequel il y eut procès, on le sait. Iñigo pensait-il accomplir avec son frère à Aranzazu, comme c'était la coutume, un acte de réparation et partir en paix avec cette ancienne affaire? Peut-être y eut-il davantage, car, en 1554, Ignace écrit à François de Borgia[4] que, durant cette veillée à Aranzazu, il reçut "quelque profit pour son âme". Faut-il comprendre qu'il fit là le vœu de chasteté, réponse à la grâce reçue durant la vision nocturne de Loyola? Il est certain qu'Iñigo fit ce vœu durant le voyage de Loyola à Manrèse et – chose qui étonnait Lainez, rapportant le fait[5] – à Notre-Dame. Iñigo n'est pas théologien, mais il découvrait la médiation de Marie, qu'il développera dans les triples colloques des *Exercices*. S'il en est ainsi, c'est avec la part négative de tout son passé qu'il rompit à Aranzazu.

---

[4] MHSI 34, p. 422.
[5] MHSI 25, p. 101.

En redescendant d'Aranzazu, au passage obligé d'Oñate, Iñigo laissa Pedro López auprès d'une de leurs sœurs et poursuivit sa route vers Navarrete, comme il l'avait dit à son frère aîné Martin García. Les deux domestiques l'accompagnèrent jusque-là. À Navarrete, chez le duc, Iñigo reprit la somme qui lui était due, mais s'en débarrassa aussitôt auprès de "personnes envers lesquelles il se sentait obligé et disposa le reste pour faire restaurer et orner avec soin une image de Notre-Dame qui était en mauvais état. Il renvoya alors les deux serviteurs et, monté sur sa mule, partit seul pour Montserrat" (*RP* 13). Ainsi, le lendemain de la veillée à Aranzazu, il se détache de sa famille et des gens envers lesquels il avait des engagements; financièrement même, tout est réglé et il n'a rien touché : première étape vers la pauvreté, qui prendra vigueur à Montserrat, la nuit de l'Annonciation.

Entre temps, sur le voyage de Navarrete à Montserrat – une quinzaine de jours environ –, Ignace n'a laissé qu'une seule confidence, cette rencontre avec un Maure, la discussion sur la virginité *in partu* de Marie, l'embarras du Pèlerin tenté de donner à l'infidèle "quelques bons coups de poignards" et finalement la décision laissée à la mule, qui tranquillement poursuivit la route, ignorant le chemin de traverse emprunté par le Maure. Si Ignace a raconté cet épisode, c'est "pour qu'on comprenne comment Notre

Seigneur en agissait avec cette âme encore aveugle, bien qu'animée d'un grand désir de le servir selon toutes les lumières qu'elle pouvait avoir [...]. Il ne s'inquiétait d'aucune chose intérieure, ne sachant même pas ce qu'étaient l'humilité, la charité, la patience et la discrétion qui règle les vertus" (*RP* 14). Tout autant que ses désirs de reproduire les pénitences des saints et même de les surpasser – déjà le *magis* des *Exercices* –, la rencontre avec le Maure est une bonne illustration de sa générosité – "venger l'honneur" de Notre-Dame – et de ses limites.

Le séjour à Montserrat achève cette première étape comme elle avait commencé: devant la Vierge. Achat de pauvres habits de pèlerin "qu'il avait décidé de porter pour aller à Jérusalem" (*RP* 16). "Il avait décidé d'abandonner ces habits [nobles] pour revêtir les armes de Jésus-Christ" devant l'autel de Notre-Dame de Montserrat. Se rappelant l'investiture d'Esplandián, dans l'*Amadis des Gaules* (IV, 52) – encore les romans de chevalerie et les exploits extérieurs –, l'idée lui vint de procéder à une veillée d'armes devant la Vierge. Il s'y prépara donc par un triduum en vue de sa confession, se nourrissant uniquement de pain et d'eau[6].

---

[6] MHSI 56, p. 83.

Avec le confesseur des pèlerins, le Français Jean Chanon, il convint d'abandonner sa mule au monastère; son épée et ce poignard auquel le Maure avait providentiellement échappé seraient suspendus à l'autel de la Vierge. Ayant pour la première fois dévoilé à ce confesseur son projet de pèlerinage en Terre Sainte, qui serait suivi d'une vie de pénitence, "il s'en fut, [le 24 mars 1522] à la nuit tombante, le plus discrètement possible, trouver un pauvre. Se dépouillant de tous ses vêtements, il les lui donna et revêtit l'habit de ses désirs" (*RP* 18). Puis ce fut la veillée d'armes jusqu'au point du jour; il s'éclipsa alors pour ne pas être reconnu.

Sur ces quelques jours passés à Montserrat, on peut proposer quelques réflexions. Cette halte, Iñigo semble l'avoir décidée avant de quitter Loyola; en tout cas, il la signale lorsqu'il s'éloigne de Navarrete après la veillée d'Aranzazu (*RP* 13): c'est à Montserrat, loin de son pays, qu'il voulait "revêtir les armes du Christ" (*RP* 17) devant la Vierge. Cela impliquait, plus encore qu'à Aranzazu, une rupture avec son passé: de noble, il se fait pauvre; les armes de Jésus-Christ, condition du pèlerin de Jérusalem, c'est la pauvreté. La date même du 25 mars, fête de l'Annonciation et de l'incarnation du Verbe de Dieu, pouvait convenir dans ses calculs du temps qu'il faudrait prendre pour partir cette année-là en Terre Sainte, mais elle est aussi significative, puisque c'est en ce jour que l'Église se souvient de l'humilité de Celui qui prit notre chair dans le sein de la Vierge Marie. Plus que les exemples des saints, c'est le Christ à présent qu'Iñigo veut imiter et suivre. Son ouverture totale au confesseur, pour le passé et pour l'avenir – et pour la première fois, tant il redoutait la vaine gloire – réalise maintenant son insertion dans l'Église au plan du sacrement et de la direction spirituelle. Il y a donc chez lui approfondissement réel; seule la veillée d'armes est encore de l'ordre de l'exploit. Mais les limites dont on a parlé plus haut lui permettaient-elles d'être *déjà* le pèlerin de Jérusalem?

Descendu de la montagne, il fut rejoint par un responsable de l'ordre autour du monastère; celui-ci voulait s'assurer que, la veille, le pèlerin avait vraiment donné ses habits au pauvre. Iñigo répondit que oui, mais il refusa de dire son nom etc.: il a laissé son passé de gentilhomme, mais se rendant compte que le pauvre avait été soupçonné, les larmes lui montèrent aux yeux, les premières, dit Lainez, depuis le départ de Loyola, et il se reprochait: "Malheur à toi, pécheur, tu ne sais ni ne peux faire du bien à ton prochain sans lui nuire et l'outrager !"[7]. Le nouveau chevalier du Christ en larmes parce qu'il découvre son inaptitude !

---

[7] MHSI 66, p. 76.

2. Le séjour prolongé à Manrèse intervient ici. Ce n'est pas le lieu de s'y attarder. Ce qui est sûr, c'est que, lorsqu'Iñigo quittera cette ville à la mi-février 1523, il sera "un autre homme" (*RP* 30, ajout): rien n'aura changé de son propos de servir Notre Seigneur et de vêtir les armes du Christ dans la pauvreté du pèlerin de Terre Sainte, et le récit de la passion du Seigneur était sa lecture habituelle durant la messe (*RP* 20), mais il aura goûté, par-delà ses extravagances ascétiques, ce nouveau genre d'exploits, le fond de sa faiblesse spirituelle dans la tentation et les scrupules; il aura commencé à apprendre le discernement et la discrétion "qui règle les vertus". "Dieu le traitait exactement comme un maître d'école traite un enfant, il l'instruisait" (*RP* 27), puis, à la fin, l'illuminait de grâces exceptionnelles d'entendement. Ainsi, celle du Cardoner, durant laquelle "il comprit et connut de nombreuses choses aussi bien du domaine spirituel que du domaine de la foi et des lettres; et cela dans une telle lumière que tout lui paraissait nouveau" (*RP* 30). Iñigo aura aussi acquis la plus profonde conviction de son état de pécheur. C'est encore à Manrèse qu'il prit goût aux entretiens spirituels.

Cette longue expérience de Dieu n'entrait pas dans ses plans primitifs. Certes, descendant de Montserrat, il ne prit pas la route de Barcelone, au sud, mais partit dans la direction du nord, vers Manrèse. À Câmara, il expliqua qu'à Barcelone, "il aurait rencontré beaucoup de gens qui l'auraient reconnu et lui auraient fait honneur" – et maintenant il fuit la vaine gloire – et que, par ailleurs, à Manrèse, "il voulait passer quelques jours dans un hôpital. Il voulait aussi noter certaines choses dans son livre [...]" (*RP* 18). Mais les "quelques jours" dépassèrent les dix mois ! Comment cela ? Car Iñigo ne pouvait imaginer ni planifier cette instruction de Dieu qu'il allait recevoir.

Puisqu'il voulait aller en Terre Sainte cette année-là, il aurait dû se trouver à Rome avant Pâques, qui, en 1522, tombait le 20 avril, pour y obtenir de la Pénitencerie Apostolique la permission écrite d'entreprendre le pèlerinage ; dès lors, il aurait dû quitter Manrèse vers le 8 avril au plus tard, le temps d'aller prendre le bateau à Barcelone pour Gaète. Et c'était bien son plan : il n'entendait passer à Manrèse que quelques jours. Mais il avait obliqué vers Manrèse, dit-il, pour éviter de rencontrer à Barcelone de hauts dignitaires qui l'auraient reconnu et honoré.

Selon toute vraisemblance, ces derniers attendaient le passage d'Adrien VI, à peine élu pape, et qui, de Vitoria, se rendait à Rome. Le 29 mars, le pape arrivait à Saragosse, mais, au lieu de poursuivre sa route vers Barcelone pour y prendre la mer, il s'attarda dans la capitale de l'Aragon jusqu'au 11 juin ! La raison en fut que, dans les premiers jours d'avril, on y avait eu vent d'un risque de peste à Barcelone et, de fait, le fléau y sévit au début de mai. Ainsi, la peste retarda le pape, qui ne parvint à Rome que le 29 août, et le retard du pape empêcha Iñigo de prendre à temps le bateau, car il ne désirait pas, fuyant la vaine gloire, être reconnu par ces notables qui attendaient toujours le pape[8].

II. De Manrèse à Jérusalem (février-octobre 1523)

Passé la mi-février 1523, "le moment approchait où il avait pensé partir pour Jérusalem (*RP* 35). On peut distinguer ici l'étape italienne avec la traversée de la Méditerranée et le séjour en Terre Sainte jusqu'au départ, le 3 octobre.

A. *En route pour la Terre Sainte*

À Manrèse, l'hiver avait été rude et Iñigo était tombé gravement malade. "Remis de cette maladie, il en resta cependant très affaibli et sujet à de fréquentes douleurs d'estomac" (*RP* 34), si bien qu'il se laissa convaincre de se vêtir plus chaudement. Cette confidence rappelle, certes, que la

---

[8] CALVERAS, "¿Pudo la peste retrasar por un año la peregrinación?".

santé d'Iñigo demeurait fragile. Déjà à son arrivée à Manrèse, il avait cherché un hôpital, vraisemblablement pour y refaire ses forces après le voyage depuis Loyola et reposer sa jambe qui avait dû le faire souffrir durant la veillée d'armes à genoux ou debout; sur les routes d'Italie, à Fondi, semble-t-il, il se sentira affaibli (*RP* 39), puis réellement malade à la veille de son embarquement à Venise, mais, monté à bord, malgré l'avis du médecin qui lui avait rempli l'estomac de potions, "il vomit tellement qu'il se sentit fort soulagé. Ce fut le début de son rétablissement" (*RP* 43). De fait, la suite du récit d'Iñigo ne fait plus mention d'indisposition, alors que d'autres mouraient sur les routes de Terre Sainte.

Mais, à Manrèse, l'acceptation de vêtements plus chauds révèle aussi un Iñigo capable maintenant, dans sa ténacité toujours là, d'entendre raison. De même, voulant voyager sans provisions, il laissa cependant son confesseur de Barcelone prendre la décision de lui faire emporter le nécessaire et il obtempéra (*RP* 35-36). Cette même soumission à ce qui est à l'opposé de son vouloir propre, il la vivra encore précisément et radicalement à Jérusalem.

Autre trait à retenir: c'est à Barcelone qu'il "perdit totalement le souci de chercher des personnes spirituelles" (*RP* 37), qui le tenait depuis Manrèse, sans grand succès d'ailleurs. Cette réserve, il l'appliquait aussi à table: "Dès Manrèse, le Pèlerin avait pris l'habitude, lorsqu'il mangeait avec d'autres, de ne jamais parler à table, sinon pour répondre brièvement; mais il écoutait ce qu'on disait, recueillant certaines choses dont il pourrait prendre occasion pour parler de Dieu, et c'est ce qu'il faisait après le repas" (*RP* 42). Un Iñigo peu loquace passera donc à Jérusalem et l'on ne s'étonne donc pas qu'aucun des deux compagnons du pèlerinage qui ont laissé une relation n'ait signalé sa présence. Peu extroverti, Iñigo sera tout intérieur.

Il a révélé à Câmara "qu'il avait été harcelé deux ans durant par cette tentation" de la vaine gloire qu'on a déjà signalé plusieurs fois (*RP* Préface, 1): il en souffrit donc de Loyola à Barcelone (*RP* 36), car il n'en parle plus dans la suite de son récit. Cette vaine gloire l'empêchait même de dire qu'il allait à Jérusalem, souci dont il dut bien se défaire à Rome. En fait, la "paix en son âme" s'était fait sentir. À Jérusalem, son aventure au retour du Mont des Oliviers, durant laquelle le Seigneur le consola tellement, peut avoir été, entre autres choses, un antidote efficace: humilié, rabroué, il se sentit uni au Christ.

Mais, plus que tout, Iñigo désirait "pratiquer trois vertus: la charité, la foi et l'espérance" (*RP* 35). Désormais les prouesses n'ont plus beaucoup d'attrait; de l'extérieur qui le fascinait tant, il était passé à Manrèse à l'ordre intérieur et spirituel, où selon 1 Cor 13, la charité tient la première place dans ce projet de vie théologale. Mais, réaliste, Iñigo voulait le mettre en pratique par le refus des moyens humains secondaires, le soutien d'un compagnon ou simplement des provisions, car, dit-il, "cette confiance, cette affection et cette espérance, c'est en Dieu seul qu'il voulait les mettre" (*RP* 35).

Aussi continua-t-il à mendier comme à Manrèse (*RP* 19, 36, 39, 42); il se faisait compagnon des mendiants (*RP* 38), mais aussi leur bienfaiteur (*RP* 40). Cependant à personne, ce style de vie ne semblait adapté au projet de la traversée et beaucoup lui déconseillaient de l'entreprendre dans ces conditions, aussi bien à Barcelone qu'à Rome (*RP* 35 et 40). Quand tous les supports humains lui manquaient, "il avait en son âme la ferme conviction qu'il trouverait bien le moyen d'aller à Jérusalem" (*RP* 40); "en son âme, il était absolument certain que Dieu ne manquerait pas de lui procurer le moyen d'aller à Jérusalem" (*RP* 42). Et de fait, le Seigneur intervint, que ce fût pour entrer à Padoue ou à Venise (*RP* 41-42), ou en mer, quand ses réprimandes justifiées, mais peut-être indiscrètes, exaspérèrent l'équipage (*RP* 44).

Le pèlerinage d'Iñigo à Jérusalem en 1523

Son départ de Venise fut doublement étonnant. D'une part, la situation créée par les Turcs, qui venaient de prendre Rhodes à la fin de 1522, avait fait rebrousser chemin à beaucoup de candidats pèlerins – ils ne seront que vingt-et-un, alors qu'en août 1518, ils étaient plus de deux cents[9]. En outre, Iñigo vient à peine d'être libéré d'une forte fièvre (*RP* 43). Le Christ lui-même, qui vint le réconforter sur la route de Padoue où tous l'avaient distancé, revint encore souvent durant la traversée (*RP* 41, 44).

Ainsi l'étape italienne et la traversée de la Méditerranée manifestent les fruits de Manrèse, révèlent un "autre homme" et permettent de comprendre ce qu'Iñigo vivra à Jérusalem.

Quant à son projet, il n'en dit rien à personne avant Rome et Venise (*RP* 40, 42), mais – chose plus importante – le séjour à Manrèse l'a conduit, semble-t-il, à le modifier en ce sens qu'il a l'intention de se fixer à Jérusalem, et cela, il l'a souvent manifesté, dit-il, à ses bienfaiteurs romains et vénitiens, peut-être même au Doge André Gritti. C'est d'eux qu'il aura obtenu, si l'on comprend bien, des lettres de recommandation (*RP* 45, confronté à 40 et 42-43).

---

[9] *Le voyage de Jacques Le Saige*, p. 101.

Reste à fournir quelques informations concrètes sur cette étape du voyage. Iñigo parvint à Rome le dimanche des Rameaux, 29 mars 1523 (*RP* 39). Deux jours plus tard, il obtenait de la Pénitencerie l'autorisation pontificale de "visiter personnellement [...] le Saint-Sépulcre du Seigneur et quelques autres Lieux Saints d'outre-mer". Le document a été retrouvé en 1956[10]. La permission, accordée, dit le texte, en présence du pape Adrien VI, est signée par Jean de Caserta et le bénéficiaire est nommé "Enecus de Loyola, clerc du diocèse de Pampelune", exactement comme dans les documents du procès de 1515 ! À Rome, il est possible qu'il séjourna au Collège espagnol, situé alors sur la Piazza Navona[11]. Iñigo partit de Rome le 13 ou le 14 avril (*RP* 40). À Venise, il dut prendre part à la procession de la Fête-Dieu, le 4 juin, car ainsi faisaient normalement les pèlerins de Terre Sainte. À sa requête, présentée oralement en espagnol, le Doge ordonna qu'il montât, sans un sou, non pas sur le navire des pèlerins, mais sur le Negrona, navire des gouverneurs qui emmenait à Chypre le nouveau gouverneur du lieu. Il embarqua le 14 juillet, dans les conditions physiques qu'on a dites: la

---

[10] MHSI 115, pp. 289-290.
[11] B. MANZANO MARTIN, *Iñigo de Loyola, peregrino en Jerusalén*, pp. 32-33.

date est connue grâce à Iñigo lui-même dans un texte aujourd'hui perdu, probablement la lettre qu'il adressa de Jérusalem, le 22 septembre ou la veille, à Jean Pascal, de Barcelone: Ribadeneira s'y est référé[12].

Sur le Negrona, se trouvaient avec lui – trois Espagnols: Diego Manes (*RP* 44), commandeur de l'Ordre de Saint-Jean, accompagné d'un servant, et un prêtre au nom inconnu, – trois Suisses, dont Peter Flüessli, fondeur de cloches de profession et membre du Grand Conseil de Zürich, qui rédigea une relation du voyage[13], – et un Tyrolien. Le navire des pèlerins était parti plus tôt, ayant à son bord treize pèlerins, dont cinq Hollandais, un Flamand de Lille, deux Lorrains et le Strasbourgeois Philippe Hagen, qui écrivit lui aussi une relation[14].

Arrivés à Famagouste, sur la côte orientale de Chypre, les passagers du Negrona mirent pied à terre le 14 août et, dit Ignace, rejoignirent à pied le bateau des pèlerins aux Salines ou Touzla, le nom turc de Larnaca. La distance est de quarante kilomètres. Pourquoi ce changement de ba-

---

[12] MHSI 93, p. 157.
[13] *Peter Flüessli Jerusalemfahrt 1523*, ed. UFFER.
[14] "1523. Hodoporika tou patros mou".

teau? En principe le Negrona devait poursuivre sa route jusqu'à Beyrouth et les pèlerins seraient entrés en Terre Sainte par la Galilée, mais la peste sévissait en Syrie et le commandant du navire refusa d'aller outre, si bien que les pèlerins furent contraints de rejoindre l'autre bateau qui allait à Jaffa.

Ayant appareillé le 19 août, ce bateau approcha des côtes de la Terre Sainte le 22, mais le capitaine, un Vénitien, ne reconnut pas le site de Jaffa, qui d'ailleurs n'était que ruines, et ce n'est qu'en apercevant les minarets de Gaza, une cinquantaine de kilomètres plus au sud, qu'il comprit sa bévue; les vents étant alors contraires, ce n'est que le 25 août qu'ils arrivèrent en vue de Jaffa. Flüessli aussi bien que Hagen rapportent que les pèlerins se portèrent alors à l'avant du navire pour entonner, selon la coutume, le *Te Deum* et le *Salve Regina*.

De ces péripéties de la traversée, Ignace retint l'essentiel, le changement de vaisseau, mais pas un mot sur le renoncement forcé de voir la Galilée. Par contre, il signale que ses vives remontrances à l'équipage du Negrona furent mal prises et que "les Espagnols qui étaient du voyage lui conseillèrent de s'en abstenir" (*RP* 44). C'est là un aveu de son manque de discrétion. Il achève cette partie du récit par ce qui, à ses yeux, avait été l'essentiel: "Pendant tout ce temps, Notre Seigneur lui apparaissait souvent et lui donnait beaucoup de consolation et de forces" (*RP* 44).

B. *En Terre Sainte*

1. À part l'arrivée en vue de Jérusalem et ce qu'il vécut la veille du départ de la Ville Sainte, c'est-à-dire le 22 septembre 1523, Ignace n'a communiqué de son séjour en Terre Sainte qu'une seule phrase: "Cette même dévotion [éprouvée en apercevant le ville pour la première fois], il l'éprouva toujours en visitant les Lieux Saints" (*RP* 45). Sans les relations de Flüessli et de Hagen, on serait réduit à des conjectures sur ce que les pèlerins virent et dans quelles conditions. Mais la discrétion d'Ignace sur l'emploi du temps révèle surtout, semble-t-il, qu'à Jérusalem, Iñigo est tout entier intérieur et spirituel. "Grande consolation" et "dévotion" ne se disent pas avec beaucoup de mots, d'autant que cette "allégresse ne semblait pas d'ordre naturel" (*RP* 45). Il est vrai que, le 22 septembre ou la veille, il écrivit cette lettre de trois pages, grâce à laquelle Ribadeneira sut le jour du départ de Venise et celui de l'entrée à Jérusalem, le 14 septembre avant midi, mais quelque trente

ans plus tard, les souvenirs du Pèlerin se détachent des épisodes pour aller au cœur de l'expérience spirituelle. Un mot de Pierre Canisius le confirme. Annotant vers 1573 la vie d'Ignace rédigée en latin par Ribadeneira, il écrit:

> Peut-être pourrait-on ajouter ce que je me souviens avoir entendu de Maître Favre [le Bienheureux Pierre], à savoir quel fut l'état d'esprit d'Ignace aux Lieux Saints de Palestine: avec grande piété, beaucoup de larmes et non sans une ardeur véhémente et brûlante d'amour divin, tandis qu'il contemplait, comme s'il les voyait, ces mystères de la vie et de la passion du Christ, et il en était d'autant plus enclin en son âme à passer là toute sa vie"[15].

Fruit de Manrèse. Quel chemin parcouru depuis la chevaleresque veillée d'armes à Montserrat ! Et pourtant, le 22 septembre, Iñigo entreprit une escapade qui garde des allures d'exploit, mais ce sera pour être ceint davantage encore des armes du Christ.

2. De la "petite histoire", que sait-on par Flüessli et Hagen? Le 25 août, le navire des pèlerins – ils ne sont que vingt-et-un – amarre devant Jaffa. On est encore en plein

---

[15] "1523. Hodoporika tou patros mou"

été. Jacques Le Saige, qui fit le pèlerinage avec plus de deux cents autres en août 1518, signale que quatre pèlerins moururent avant même d'avoir débarqué[16]. En 1523, la santé d'Iñigo, elle, résista[17].

Au début du XVIe siècle, les pèlerinages catholiques venus d'Occident en Terre Sainte se ressemblent tous. Comme guides, il y a les franciscains du Mont Sion, qui suivent les pratiques habituelles, l'ordre des visites, et procèdent eux-mêmes aux formalités administratives, aussi bien sous le régime des Mamelouks jusqu'en 1516 que sous les Turcs à partir de 1517. Plusieurs récits de pèlerinages de la fin du XVe siècle en font foi; ils se caractérisent aussi en donnant le texte des prières récitées en chaque lieu saint et l'on peut penser que ces prières se récitaient encore en 1523.

Dès que le navire des pèlerins eut mouillé devant Jaffa, le patron ou le capitaine du navire monta à Jérusalem pour y informer de l'arrivée des pèlerins le Père Gardien, Jacques de Portu, et les autorités civiles et pour obtenir une escorte devant accompagner le groupe de Jaffa jusque dans la Ville Sainte. Ce voyage du patron et ces formalités prirent, cette

---

[16] *Le voyage de Jacques Le Saige*, pp. 96 et 103-105.
[17] MHSI 66, pp. 88 et 167-168.

année-là, plus de temps que de coutume: du 25 août au 1er septembre, soit huit jours, alors qu'en 1518, la résidence forcée en mer sous un soleil de plomb n'avait duré que quatre jours, tandis que d'autres groupes durent attendre jusqu'à douze jours. Le 31 août arrivèrent deux franciscains avec le patron du navire et une escorte de cent soldats. Le franciscain hollandais, nommé Hugo, vicaire du Gardien, s'adressa aux pèlerins toujours sur le bateau, en allemand, en italien et en latin, mais, comme Iñigo n'entendait aucune de ces trois langues, il dut se faire expliquer l'essentiel – les recommandations d'usage pour un séjour en Terre Sainte – probablement par le prêtre espagnol du groupe. Le 1er septembre, tous mirent pied à terre et l'on procéda aux formalités d'enregistrement, pour qu'à l'insu des Turcs, aucun pèlerin ne restât à Jérusalem; au fur et à mesure qu'ils étaient enregistrés, les pèlerins étaient rassemblés dans les fameux "celliers de Saint Pierre", des antres malpropres qu'ils ne quittèrent que vers 2 heures de l'après-midi. Montés sur des ânes, les pèlerins partirent pour Ramla, à une vingtaine de kilomètres dans la plaine en direction de Jérusalem; l'escorte était évidemment à cheval ou sur mule. Arrivés le soir à Ramla, alors en ruines, ils furent obligés d'entrer en ville à pied et furent hébergés à l'hospice que le duc Philippe de Bourgogne avait fait construire vers 1420 pour les pèlerins; cet hospice fut détruit à la fin du XVIᵉ siècle et remplacé par un bâtiment plus adapté. Plutôt que de repartir le lendemain, les pèlerins furent tenus d'attendre l'arrivée d'une caravane de marchands juifs venant du Caire et c'est tous ensemble que, le 3 septembre, ils quittèrent Ramla assez tard, après avoir eu, comme de coutume, beaucoup d'ennuis avec les autorités de la ville, avec les soldats etc. On montait normalement de nuit à Jérusalem pour éviter la chaleur du jour.

Quelle route les pèlerins de 1523 prirent-ils? Fr. Suriano (1450-1530 environ) dit que, de Ramla, il y a trois voies en direction de Jérusalem, mais que toutes les trois traversent les montagnes et sont fatigantes[18]? Les seuls témoignages dont on dispose sur l'itinéraire parcouru en 1523 ne donnent que peu d'indications. Hagen est trop bref: "Nous dûmes chevaucher toute la nuit par un très mauvais chemin, commençant deux milles après Ramla jusqu'à l'arrivée à Jérusalem"; deux milles correspondent à 3 kilomètres, 6. De son côté, Flüessli écrit: "Le mardi à 4 h. [de l'après-midi], nous montâmes de nouveau sur nos ânes et partîmes [...]. Nous chevauchâmes cette même nuit jusqu'à

---

[18] *Il trattato di Terra Santa*, p. 22.

huit milles de Jérusalem; là nous descendîmes de monture et nous reposâmes jusqu'à ce qu'il fît jour; alors nous allâmes à pied jusqu'à Jérusalem, où nous fûmes à 10 h." Quelques lignes plus haut, Flüessli signale que Ramla est à dix milles de Jaffa, soit environ 18 kilomètres; ils passèrent donc la nuit ou une partie de celle-ci à environ 15 kilomètres de Jérusalem. Selon divers récits contemporains, dont je reprends ici quelques expressions, les pèlerins ont suivi l'ancienne route de Ramla à Nicepolis Amwas, en laissant ce village sur leur gauche, comme le fait l'autoroute moderne; puis, après six kilomètres, ils parvinrent à Bab-el-Wad, la "Porte de la Vallée", un défilé entre deux monts, une vallée ombreuse le long d'un torrent très âpre qu'ils remontèrent l'un derrière l'autre, pendant trois heures environ. Ils se sont arrêtés un peu au-delà d'Abou-Gosh, au lieu dit Aquabella, `En hèmèd en hébreu, "source charmante", après avoir parcouru une trentaine de kilomètres.

Qu'ils aient fait à pied les quinze derniers kilomètres serait bien étonnant. Par contre, Ignace se souvient qu'ils ne mirent pied à terre, sur proposition de Diego Manes, que deux milles avant d'arriver à Jérusalem; deux milles font un peu moins de quatre kilomètres dans le système d'Hagen et de Flüessli, mais si Ignace calcule les distances en milles romains ou italiens de 1.490 mètres, ce qui est probable, ils mirent alors pied à terre à trois kilomètres de la ville et c'était "un peu avant d'arriver à l'endroit d'où l'on voyait la ville" (*RP* 44-45). C'est là que les franciscains "les attendaient avec la croix" (*RP* 45). Il y avait toujours une halte et des chants à la vue de la Ville Sainte, comme le confirment quelques récits de pèlerinages de l'époque. La vue que les pèlerins de 1523 eurent de Jérusalem était évidemment très différente de celle qu'offre la ville de nos jours. La nouvelle ville n'existait pas et les murailles de la vieille ville ne furent relevées de leur ruine qu'à partir de 1537. Par contre, la colline de Sion était hors les murs, comme aujourd'hui.

Cet itinéraire peut encore être confirmé par le temps pris à en parcourir la dernière étape. Flüessli précise qu'ils se sont mis en route le matin du 4 septembre 1523, après s'être reposé à huit milles de Jérusalem "jusqu'à ce qu'il fît jour" et qu'ils entrèrent dans la ville à 10 heures. À quelle heure fît-il jour ce matin-là? Le 4 septembre du calendrier julien correspond au 14 septembre de notre calendrier grégorien de 1582. Or, aujourd'hui à Jérusalem, le 14 septembre, le soleil se lève un peu avant 5 heures, 15. D'autre part, il faut compter avec la halte en vue de Jérusalem. Il semble donc que nos pèlerins ont cheminé de 5 heures, 15, à 9 heures, 15 approximativement, soit pendant environ quatre heures au maximum. Cela aussi peut être confirmé par d'autres récits contemporains de pèlerins.

3. Quant au programme des visites des Lieux Saints, Ignace n'en ayant rien dit, on recourt à la relation de Flüessli et, secondairement, à celle de Hagen, plus confuse. Ce programme était classique. On n'indiquera ici que la suite des lieux visités, quitte à donner quelques détails sur leur état à l'époque; beaucoup étaient en ruine ou à l'abandon, hormis les deux basiliques du Saint-Sépulcre et de la Nativité. Ajoutons, pour ne plus y revenir, que les pèlerins étaient pressurés de toutes manières et au maximum, mais Iñigo n'avait pas un liard, on le sait.

Vendredi 4 septembre 1523: après réception au couvent franciscain du Mont Sion, dont on peut encore voir le cloître adossé au Cénacle, les pèlerins furent conduits à l'Hôpital Saint-Jean, juste au sud du Saint-Sépulcre; il était alors fort délabré; chaque pèlerin y reçut un tapis et un coussin pour s'étendre et les franciscains leur donnèrent chaque jour un pain et du vin. Toutefois, les religieux et les prêtres étaient normalement logés au couvent du Mont-Sion, ce qui fait penser qu'Iñigo y logea lui aussi.

Samedi 5: messe au Cénacle, suivi d'un sermon prêché par le franciscain hollandais Hugo, qui guidera les pèlerins tout au long de leur séjour. Ce groupe de 1523 fut le dernier jusqu'à nos jours à avoir pris part à l'Eucharistie au Cénacle, car, dès janvier 1524, les franciscains en furent expulsés au profit des musulmans. Visite expliquée du Cénacle et du "Tombeau de David", mais de l'extérieur uniquement, car les musulmans en interdisent l'accès; sur l'authenticité de ce tombeau, Hugo émit des doutes, les premiers connus. Puis, hors du couvent, dans les ruines de l'église de la Sainte-Sion, visite du lieu de la Dormition etc. et retour au Cénacle. Dans l'après-midi, en procession, longue visite du Saint-Sépulcre, en commençant par la chapelle de l'apparition du Ressuscité à sa Mère, dont parlent les *Exercices* d'Ignace; les pèlerins passèrent leur première nuit en prière au Saint-Sépulcre.

Dimanche 6: messe à l'intérieur de l'édicule du Saint-Sépulcre, qui, à l'époque, avant 1555, était encore voûté; après quoi, à 6 h., chacun regagne son logis. À 15 h., parcours de ce qui est devenu la *Via Dolorosa*, mais en sens inverse: départ du Saint-Sépulcre, plusieurs arrêts, comme à la maison de Véronique, aujourd'hui la VIe station; puis, là où l'on rejoint la vallée du Tyropéon, autour du trivium, au lieu où Jésus s'adressa aux femmes de Jérusalem, puis à la maison du mauvais riche et du pauvre Lazare ! Détour vers une des portes de l'esplanade des mosquées; on continue par le lieu où Simon de Cyrène aida Jésus à porter la croix, aujourd'hui, la Ve station, puis le lieu-dit de la "pamoison de Marie", derrière la IIIe station actuelle, le palais de Pilate et l'arc de l'*Ecce Homo* ; détour vers la maison d'Hérode, plus au nord dans une rue latérale, et, avant de visiter la maison de sainte Anne, où l'on situe la naissance de Marie, autre détour vers une des portes du Temple et la piscine qui la jouxte, prise pour la Piscine Probatique (Jn 5,2). On le voit, cet itinéraire n'était pas encore le Chemin de la Croix. Le retour se fit par la maison de saint Marc et l'église de Saint-Jacques.

Lundi 7: messe au Cénacle, puis descente au Cédron par le Tombeau d'Absalom; on voit le Jardin des Oliviers. Ensuite à Béthanie, où l'on visite la maison de Simon le Lépreux (Mt 26,6) et le tombeau de Lazare. Retour par Bethphagé, la grotte du *Pater* et la chapelle de l'Ascension. En descendant du Mont des Oliviers, on fait halte pour évoquer le *Dominus flevit;* enfin on s'arrête à la grotte de Gethsémani et au site de l'Agonie de Jésus.

Mardi 8, fête de la naissance de Marie: voyage à dos d'âne vers Bethléem, par Mar Elias et la Tombe de Rachel. Visite de la basilique de la Nativité, puis de la chapelle Sainte-Catherine et de la cellule de saint Jérôme. Les pèlerins passent la nuit en prière dans la basilique.

Mercredi 9: messe à la grotte de la Nativité, puis départ pour Aïn Karem, en passant par le Val des Refa'im à la fontaine Aïn el-Hanieh, où, croyait-on, le diacre Philippe avait baptisé l'eunuque (Ac 8). À Aïn Karem, le lieu de la Visitation, les pèlerins voient la Fontaine de la Vierge et le lieu de naissance de Jean-Baptiste, puis ils rentrent par le monastère de Sainte-Croix.

Jeudi 10: départ du Mont Sion vers Haceldama, Siloé, la Fontaine de la Vierge, le Cédron, le Jardin des Oliviers et le Tombeau de la Vierge, puis retour. Après Vêpres, visite de la maison de Caïphe et celle d'Anne, le grand prêtre, toutes les deux églises arméniennes.

Vendredi 11: le matin, au Mont Sion, le franciscain Hugo montre l'antre où David aurait composé et prié les psaumes de pénitence. Puis réception chez les tertiaires franciscaines, qui servent les franciscains du Mont Sion et accueillent les pèlerines, dont la plus célèbre fut sainte Angèle Merici en 1524; les pèlerins y reçoivent des *Agnus Dei* et des reliques. Puis chacun rentre à son logis. Le soir, entrée au Saint-Sépulcre où les pèlerins passent leur deuxième nuit en prière.

Samedi 12 et dimanche 13: repos.

Lundi 14, fête de la Sainte-Croix: vers 16h., départ à dos d'âne par Béthanie vers Jéricho. Arrêt à la Maison de Zachée (Lc 19,5-7).

Mardi 15: on descend au Jourdain au lieu du baptême de Jésus; les uns se lavent les mains et le visage, d'autres se baignent. Retour à Jéricho et avancée vers le Mont de la Quarantaine, au sommet duquel on vénère les quarante jours de Jésus au désert, mais l'escorte interdit d'y monter. Ensuite, les pèlerins vont boire à la Source d'Élisée au pied du Tell antique, avant de rentrer à Jérusalem.

Mercredi 16: quatre ou cinq cents soldats turcs viennent d'arriver de Damas, si bien que les pèlerins sont bloqués au couvent du Mont Sion jusqu'au *dimanche 20* inclus.

Lundi 21: le soir, selon la coutume, les pèlerins retournent au Saint-Sépulcre pour une troisième nuit de prière.

Mardi 22, fête de saint Maurice, comme le précise Hagen; tôt le matin, trois pèlerins, dont Hagen, sont faits chevaliers au Saint-Sépulcre; vers 6 h., chacun retourne à son logis. Ignace a raconté ce qu'il fit ce jour-là.

Mercredi 23: le matin, quelques-uns s'en vont du Mont Sion au Tombeau de la Vierge et à la Grotte de Gethsémani; au retour, un petit groupe d'entre eux va voir la Porte Dorée. Le soir, à 22 h., départ à dos d'âne vers Ramla et Jaffa.

Dimanche 3 octobre: embarquement à Jaffa, en direction de Chypre. Durant leurs derniers jours en Terre Sainte, les pèlerins eurent à subir bien des avanies.

Ce périple classique des pèlerins de Jérusalem était, à l'analyse, fort bien agencé et les efforts physiques bien répartis. On a dit pourquoi ils ne virent pas la Galilée. Par ailleurs, cinq jours furent perdus par l'arrivée de soldats turcs, si bien que le pèlerinage de 1523, qui dura 19 jours, fut le plus long de ceux de la même époque: ceux-ci duraient de onze à quinze jours.

4. Le mardi 22 septembre 1523 d'Iñigo. Discret sur les Lieux Saints visités, Ignace raconte surtout cette journée mémorable. Se sentant confirmé dans son choix de demeurer à Jérusalem et, par conséquent, sans avoir fait provision de reliques, comme s'y appliquaient couramment les autres pèlerins, Iñigo alla voir le Père Gardien, Jacques de Portu, lui fit part de son projet et lui remit des lettres de recommandation, dont on a parlé plus haut, mais il ne lui dit rien, ni à lui ni à personne d'autres, de son projet apostolique; celui-ci comportait, semble-t-il, une aide spirituelle même auprès de musulmans: tel est le témoignage de Lainez et de Polanco dès 1547[19].

Mais quand Iñigo aura-t-il communiqué au Père Gardien son désir de se fixer en Terre Sainte? Pas dans les pre-

---

[19] MHSI 66, pp. 86 et 166-167.

miers jours, c'est-à-dire pas avant d'être confirmé dans son propos; plus précisément, pas avant le 8 septembre, car alors le Père Gardien aurait pu lui suggérer d'en parler directement au Provincial lors du passage du groupe, car ce Provincial était précisément alors à Bethléem; puisque, du 16 au 20 septembre, tous les pèlerins étaient bloqués au Mont Sion, on peut penser que ce fut durant ces quelques jours qu'il prit contact avec le Père Gardien. Celui-ci lui donnant espoir, Iñigo écrivit sa première lettre aux amis de Barcelone, leur laissant entendre, si l'on comprend bien, qu'il resterait probablement à Jérusalem. Le 22, tôt le matin, après son retour du Saint-Sépulcre, il était en train d'écrire une seconde lettre lorsqu'il fut invité à rencontrer le Provincial qui venait de rentrer de Bethléem. On connaît la suite, le refus du Provincial, l'insistance d'Iñigo, la menace du Provincial en vertu des pouvoirs qu'il a reçus du Saint-Siège et, immédiatement, l'acquiescement du Pèlerin.

Cette obéissance a quelque chose de foudroyant. Le projet avait mûri longtemps et, tout au long du pèlerinage, il s'y était senti confirmé. Malgré cela, dans l'ordre d'y renoncer, il vit tout de suite que "la volonté de Dieu était qu'il ne restât pas à Jérusalem" (*RP* 47), alors qu'il avait expliqué au Provincial "que sa détermination était bien arrêtée et qu'il estimait ne devoir y renoncer pour rien au monde" (*RP* 46). Certes, depuis peu il s'était montré capable d'accepter une décision différente de la sienne, mais ici l'élément neuf était l'argument du Saint-Siège, invoqué par le Provincial. On se rappelle le mieux physique ressenti la nuit du 28 au 29 juin 1521, alors qu'Iñigo était à la mort, et lui-même avait signalé qu'il "avait toujours eu de la dévotion à saint Pierre"; en outre, il ne devait pas avoir oublié que, pour venir en Terra Sainte, il avait dû, comme chaque pèlerin, obtenir l'autorisation du Siège Apostolique. L'obéissance d'Iñigo à Pierre renverse tous ses plans, même s'ils ont semblé confirmés, et c'est ainsi qu'il peut faire vraiment l'authentique volonté de Dieu.

L'escapade solitaire au lieu de l'Ascension a pour but, il le dit, de revoir les empreintes des pieds du Seigneur lorsqu'il quitta, lui aussi, cette terre. Mais il doit s'y reprendre à deux fois, car, à peine sorti de la première visite, "il se rappela qu'il n'avait pas bien regardé de quel côté était le pied droit et de quel côté, le gauche" (*RP* 47). Il y a dans cette recherche une dévotion à l'humanité du Seigneur, mais peut-être Iñigo espérait-il une indication sur la direction à prendre. Il ne nous dit pourtant pas le résultat de sa seconde visite.

Entre temps, il a poussé jusqu'à Bethphagé, le lieu où Jésus monta sur un ânon (Mt 21,2-7 et Za 9,9), le site aussi du figuier stérile et de l'enseignement sur la foi et la prière

(Mt 21,18-22). En redescendant du Mont des Oliviers, Iñigo se fit empoigner "sans résistance" par "un chrétien de la ceinture", un des syriens chargés par les franciscains de la sécurité des pèlerins, qui le ramena au Mont Sion, tandis qu'il "semblait voir continuellement le Christ au-dessus de lui et, jusqu'à son arrivée au monastère, cette consolation perdura toujours avec une grande intensité" (*RP* 48). L'épreuve imposée par le Provincial fut assumée volontairement dans l'union aux mystères du Christ et celui-ci manifesta au Pèlerin qu'il lui était uni dans le sacrifice. Tel fut le dernier souvenir qu'Ignace garda de son passage à Jérusalem. Ce qui au départ pouvait paraître encore un exploit devint au retour un état d'union au Christ qui avait dit précisément à Pierre: "un autre te nouera la ceinture et te mènera là où tu ne voudrais pas" (Jn 21,18).

Laissant derrière lui la Terre Sainte qu'il ne reverra plus, Iñigo se demandait: *quid agendum?* Que faire maintenant? (*RP* 50).

DEUXIÈME PARTIE
Quatre siècles d'absence

JÉRUSALEM POUR IGNACE
ET SES PREMIERS COMPAGNONS
DE 1534 À 1556

I. Du vœu de Montmartre en 1534
à la *Formula Instituti* de 1540

En 1534, Ignace conservait encore le désir de retourner en Terre Sainte. Quelques-uns de ses premiers amis ou disciples d'Alcala avaient fait eux aussi le pèlerinage de Jérusalem ; il s'agit de Callixte Sa, des frères Eguias et de Pedro Peralta[1]. Cependant ce n'est qu'à Paris, après qu'il eut réuni ses premiers compagnons définitifs, qu'ils discutèrent entre eux du contenu du voeu qu'ils voulaient prononcer à Montmartre le 15 août 1534. Or, ces discussions révélèrent des avis divergents sur la permanence ou non de tout le groupe en Terre Sainte. Ignace et Lainez, semble-t-il, étaient d'avis d'y rester, mais les autres préféraient rentrer en Eu-

---

[1] LETURIA, *Estudios I*, p. 187.

rope après leur pèlerinage envisagé. Le 15 août, ils s'engagèrent donc à ceci : avec la permission du pape, ils iraient en Terre Sainte, mais si, après une année d'attente d'un navire, ils n'avaient pas réussi à s'embarquer, ou si, en Terre Sainte, on ne leur permettait pas d'y rester, ou si, après délibération et prières en Terre Sainte, ils n'étaient pas unanimement d'accord d'y rester, alors, dans l'une ou l'autre de ces trois hypothèses, ils iraient s'offrir au pape[2].

Les compagnons se retrouvèrent donc en Italie au début de 1537. Le 7 mai, Pierre Favre obtenait de Paul III, pour lui et pour ses douze compagnons, la permission d'aller à Jérusalem et d'en revenir "quand cela leur plairait"[3]. L'année d'attente prévue par le vœu de Montmartre commença à courir, semble-t-il, en mai 1537 jusqu'en mai 1538[4], plutôt que de janvier 1537 à janvier 1538. Le 31 mai, ils participèrent à la procession du *Corpus Domini* avec tous les autres candidats pèlerins. Ensuite, avec l'autorisation pontificale, ceux d'entre eux qui n'étaient pas encore prêtres, à l'exception d'Alfonso Salmeron qui était trop jeune, reçurent l'ordination presbytérale au titre de la pauvreté et en raison de leur science. Pourtant, la guerre

---

[2] Leturia, *Estudios I*, pp. 188-195.
[3] MHSI, *Mon. Fabr.*, pp. 9-11.
[4] Leturia, *Estudios I*, pp. 200-221.

Jérusalem pour Ignace et ses compagnons de 1534 à 1556

déclarée en 1537 entre Venise et les Turcs empêcha, cette année-là, le passage de tout navire de pèlerins vers la Terre Sainte. Au début de 1538, la situation n'avait pas changé ; en fait, le 8 février, une ligue offensive du pape, de l'empereur Charles-Quint et de la Sérénissime contre les Turcs fut constituée au Vatican. Il ne pouvait plus être question de trouver un navire pour la Terre Sainte. Tant et si bien qu'à partir de mai 1538, Ignace et ses compagnons étaient donc tenus en vertu du vœu de Montmartre à offrir leurs services au pape. Ils vinrent donc à Rome. C'est probablement à cette époque que Paul III aurait dit à quelques-uns d'entre eux : "Pourquoi désirez-vous tant aller à Jérusalem ? L'Italie est une bonne et véritable Jérusalem si vous désirez donner du fruit dans l'Église de Dieu"[5]. Pourtant de fortes attaques contre Ignace empêchèrent probablement celui-ci et ses compagnons de s'offrir au pape jusqu'à ce qu'ils eussent obtenu une sentence officielle qui les lavât de tout soupçon ; cette sentence fut rendue le 18 novembre. Dans les jours qui suivirent immédiatement, certainement avant le 23[6], ils s'offrirent au pape. Désormais, pour Ignace, Rome prenait la place de Jérusalem et lui qui n'avait pas

---

[5] MHSI, *Epist. Bobadilla*, p. 606.
[6] Car, le 23, dans une de ses lettres, Pierre Favre mentionne cette offrande au pape.

encore célébré sa première messe, probablement dans l'espoir de la dire à Bethléem, la dit le 25 décembre 1538 dans la crypte de la Basilique de Sainte-Marie Majeure, où l'on conservait les reliques de la crèche[7].

Seize ans durant, Ignace avait rêvé d'aller vivre et mourir à Jérusalem. Le *Récit du Pèlerin* en témoigne abondamment. Son désir avait été fort principalement de 1521 à 1523, on l'a vu, puis de 1534 à 1538. Désormais une période s'ouvre dans sa vie, durant laquelle le désir de Jérusalem resurgira, non plus pour lui-même, mais pour la Compagnie. Au numéro 3 de la *Formula Instituti* de la Compagnie, insérée dans la Bulle d'approbation de Paul III en 1540, comme dans son projet de 1539, puis dans la Bulle de Jules III en 1550, parmi les missions que le pape pourrait confier à la Compagnie, figure en première place une mission chez les Turcs : implicitement, c'est la Terre Sainte qui est mentionnée, celle-ci faisant alors partie intégrante de l'Empire Ottoman jusqu'en 1917.

---

[7] LETURIA, *Estudios I*, pp. 223-235.

II. De la Bulle de Jules III en 1553 à la mort d'Ignace en 1556

À l'exception d'Ignace, aucun des premiers compagnons ne vit la Terre Sainte. À la fin de 1550 ou au début de 1551, François de Borgia souhaita y aller, mais Ignace ne le lui permit pas. À la fin de sa lettre du 9 avril 1552, François Xavier fait part à Ignace de son désir de le revoir et lui signale que la route par terre existe entre la Chine et Jérusalem !

La Ville Sainte reparaît dans les programmes des premiers jésuites en 1553. En Terre Sainte en général et à Jérusalem en particulier, les catholiques rencontraient des difficultés croissantes. C'est ainsi qu'en 1551, les franciscains avaient été chassés définitivement de leur couvent du Mont Sion. Face à cette situation, sous l'impulsion de Pedro Zárate, originaire de Biscaye et ami d'Ignace, Jules III, par une Bulle du 6 octobre 1553, érigea à Rome une Archiconfrérie du Saint-Sépulcre et décida l'établissement de trois collèges de jésuites, à savoir à Jérusalem, à Constantinople et à Chypre ; le texte de cette Bulle a longtemps été perdu, mais il fut retrouvé et publié à la fin du XIXe siècle par H. Lammens[8].

---

[8] "Découverte d'une Bulle de Jules III concernant les Saints Lieux et la Compagnie de Jésus".

Ayant appris par Ignace la décision pontificale, D. Lainez lui envoya de Gênes cette lettre, datée du 15 février 1554 :

> Des nouvelles des collèges au Levant et en occident, ainsi que de toute nouvelle concernant les infidèles, Dieu sait combien je me réjouis intimement, dans l'espoir que Notre Seigneur, qui voit tout cela, voudra faire miséricorde à ces régions. Et, en ce qui me concerne, me reviennent sans cesse, bien que froidement, de temps en temps, je ne sais quels désirs d'aller à Jérusalem. Et tout en sachant que le chemin d'une bonne mort, c'est de bien vivre, mais voyant que je faillis dans ma façon de vivre, je désire que Notre Seigneur, par voie de miséricorde, me concède de bien mourir. Ce qui adviendrait si l'homme mourait en confessant sa foi ou en s'y disposant[9].

Le 8 mars 1554, cette Archiconfrérie fut constituée solennellement en l'église de la Minerve, à Rome[10]. Elle devait se charger de récolter des fonds pour restaurer les sanctuaires, mais aussi pour apporter une aide spirituelle et toute pacifique aux chrétiens de la région, racheter les captifs, accueillir les pèlerins, etc. Quant aux collèges, bien que

---

[9] MHSI 136, *Monumenta Proximi-Orientis*, I, pp. 19-20.
[10] MHSI, *Epist. Ign. VI*, p. 442.

la correspondance d'Ignace en parlât et que Lainez aussi s'y intéressât[11], ils ne virent jamais le jour. Ignace d'ailleurs ne s'était jamais engagé à y envoyer des compagnons.

Pourtant, à l'été de 1554, Simon Rodriguez souhaitant aller en pèlerinage en Terre Sainte, Ignace le chargea d'enquêter sur place sur les possibilités réelles de fonder ces collèges, mais les risques de guerre en mer découragèrent notre homme, qui resta en Italie[12]. Toutefois, en décembre 1555[13], un cistercien portugais, nommé Antonio, de retour de Terre Sainte, rapporta une lettre du Patriarche maronite qui offrait à la Compagnie un monastère au Liban, mais Ignace ne l'accepta pas, car le bâtiment proposé ne convenait pas au style de travail de la Compagnie[14].

Dans l'entre temps, Jules III était mort le 23 mars 1555 et, après le bref pontificat de Marcel II, son successeur Paul IV suivait une autre politique. En outre, les franciscains, auxquels la Bulle de Jules III ôtait d'un trait de plume des privilèges bien établis, manœuvrèrent pour qu'Ignace renonçât au droit que la Bulle octroyait à la Compagnie.

---

[11] MHSI, *Epist. Ign. V*, p. 738 ; MHSI, *Epist. Lainez I*, p. 250.
[12] MHSI, *Monumenta Rodriguez*, pp. 643-654.
[13] MHSI, *Epist. Ign. X*, pp. 362-363 et 394.
[14] MHSI, *Epist. Ign. XI*, p. 23 ; MHSI 136, *Mon. Prox.-Orient.*, I, pp. 65-68.

Ignace résista fermement[15]. Le 20 juillet 1556, dix jours avant sa mort, il écrivait encore :

> Ces Pères [franciscains] peuvent être bien assurés que notre Compagnie ou bien n'acceptera pas cette charge, ou bien, si elle l'accepte, que ce sera avec l'entière satisfaction des parties chez qui il y aurait du zèle pour le service divin, et de sorte que les Pères de saint François y trouvent à gagner, sans rien perdre de ce qu'ils ont[16].

La mort d'Ignace, le 31 juillet 1556, puis, en 1563, celle de Zárate firent tomber le projet dans l'oubli[17].

---

[15] MHSI, *Epist. Ign. XI*, p. 546.
[16] MHSI, *Epist. Ign. XII*, p. 155.
[17] ORTIZ DE URBINA, *San Ignacio de Loyola y los Orientales*, pp. 17-29.

DES JÉSUITES DE PASSAGE EN TERRE SAINTE ENTRE 1556 ET 1773

Nous entrons à présent dans la période la moins connue de cette histoire. Nous ne l'évoquerons que *per summa capita*. Pour la clarté, on distingue divers projets avortés d'une installation de la Compagnie de Jésus en Terre Sainte et le voyage ou le pèlerinage de quelques jésuites aux Lieux Saints. Il a semblé nécessaire de rappeler tout d'abord ces projets sans suite effective, parce qu'ils font partie de notre histoire, mais aussi parce qu'ils montrent combien la position officielle des Pères franciscains était forte et ne souffrait aucune dérogation. Certes, sur ces aventures malheureuses, des récits plus détaillés et même des dossiers d'archives ont été publiés et nous les mentionnerons en notes. Quant aux pèlerinages de jésuites, certains sont connus par des relations que plusieurs d'entre eux ont publiées et nous résumerons l'une d'entre elles. Pour d'autres, nous ne connaissons que le fait de leur pèlerinage et il est impossible d'en connaître le détail ni leur état d'âme à Jérusalem. Le point le plus important reste que les jésuites ont sans cesse désiré travailler dans la vigne du Seigneur qui est en Terre Sainte ou simplement, comme tout bon chrétien, mettre leurs pas dans ceux de Jésus, suivant ainsi l'expérience qu'ils avaient reçue des *Exercices spirituels* d'Ignace. Leurs noms méritaient de n'être pas oubliés.

I. Divers projets d'établissement de la Compagnie

Le premier eut lieu en 1615. Les Pères François de Montboissier de Canillac[18] et Jérôme Queyrot[19], de la Mission de Syrie, espéraient trouver la possibilité d'établir à Jérusalem une maison de la Compagnie. Déguisés en moines grecs, ils accompagnaient le Patriarche Melkite de Jérusalem Théophane II, qui proposait de leur vendre le monastère grec de Saint-Nicolas (non pas le monastère des Archanges, propriété des Serbes, comme on le dit parfois). Or, ce monastère jouxtait le couvent que les franciscains avaient construit après leur expulsion du couvent du

---

[18] *DHCJ*, II, p. 633.
[19] *DHCJ*, IV, pp. 3266-3267.

Des Jésuites de passage en Terre Sainte entre 1556 et 1773

Mont Sion en 1551 : ce couvent s'appelle aujourd'hui *Terra Santa* ou couvent du Saint-Sauveur. Nos deux Pères arrivèrent dans la Ville Sainte le 27 mai 1615, la veille de la fête de l'Ascension. Ils étaient porteurs de lettres de recommandation des ambassadeurs de France à Rome et à Constantinople, ainsi que du Père Général Aquaviva, qui, en fait, était décédé le 31 janvier précédent. Ils avaient aussi un Bref de Paul V leur accordant quelques privilèges. Pourtant la proposition du Patriarche frisait la provocation et le Président Custodial, substitut du Custode de Terre Sainte en cas d'absence ou d'empêchement, leur opposa ses droits et les censures dont il pouvait faire usage, si bien que nos deux Pères quittèrent la Ville Sainte le 11 juin, le jeudi après la fête de la Pentecôte[20]. Le 16 juin, de Ramla, le Père Canillac écrivit à Paul V sur le résultat de cette entreprise[21]. On possède aussi la relation de l'affaire rédigée par le Président Custodial[22].

Une autre tentative d'établir les jésuites à Jérusalem échoua encore plus vite. Dès 1620, Louis XIII, roi de France, projetait d'établir un consul de France à Jérusalem.

---

[20] LEVENQ, *La première mission de la Compagnie de Jésus en Syrie*, pp. 4-6.

[21] HOFFMANN, *Griechische Patriarchen und römische Päpste*, pp. 21-22., et MHSI 147, *Mon. Prox.-Orient.*, III, pp. 54-57.

[22] VERNIERO DI MONTIPILOSO, *Croniche ovvero Annali di Terra Santa*, I, pp. 294-302 et V, pp. 41-45. Le dossier de ce voyage a été publié dans MHSI 147, *Mon. Prox.-Orient.*, III, pp. 250-260.

Soutenu par quelques personnes de sa Cour et malgré l'opposition du Visiteur et du Provincial des jésuites de France, le P. Jean la Bretesche, qui souhaitait être envoyé à Jérusalem, encouragea en 1621 un Assistant du Père Général Mucio Vitelleschi à profiter de l'occasion pour implanter la Compagnie à Jérusalem. Jean Lempereur, le consul déjà nommé, serait heureux, disait-il, d'être accompagné par des jésuites et même de les voir établir un collège dans la Ville Sainte. De plus, le cardinal de La Rochefoucauld, favorable au projet, assurerait la fondation de la résidence. En outre, vers la même époque, l'ambassadeur extraordinaire de France, Louis des Hayes, signala au Père Général qu'il avait obtenu le moyen d'établir une résidence de jésuites à Nazareth : de là, un établissement jésuite à Jérusalem serait plus facilement réalisable. Une supplique, non signée et non datée, fut adressée au pape : les jésuites ne veulent en aucune façon supplanter ni faire tort aux franciscains ; que le pape les autorise à s'établir à Jérusalem et ailleurs dans l'Empire turc si le roi de France les y invite. Nous ne savons pas si cette supplique reçut une réponse. Le fait est qu'à la fin de 1623, le nouveau consul partit pour Jérusalem, mais six mois plus tard, les Vénitiens expliquèrent à Louis XIII que les franciscains, craignant les jésuites que la France protège, voulaient se mettre sous la protection de la Sérénissime et que les choses allaient tourner mal. De fait, Lempereur fut emprisonné quelque temps à Damas. Le projet des jésuites en resta là : ils ne vinrent pas à Jérusalem[23].

En 1638-1639, les jésuites de Constantinople sont faussement accusés devant la Sacrée Congrégation *de Propaganda Fide* de manœuvrer pour récupérer à leur profit des Lieux Saints de Jérusalem[24].

En 1699, Louis XIV avait rétabli le Consulat de France à Jérusalem. Il avait même "fondé deux de nos missionnaires à Jérusalem en qualité de chapelains du consul, [...] mais l'ordre a été révoqué"[25].

Le 10 octobre 1714, dans une lettre au Secrétaire de la Congrégation *de Propaganda Fide*, le P. Lorenzo Cozza, Custode de Terre Sainte, résume tous les griefs des franciscains contre les jésuites et leurs manœuvres pour s'introduire depuis un siècle en Terre Sainte ; il lui parle de :

---

[23] RABBAH, *Documents inédits*, 1, pp. 331-352 ; NEUVILLE, "Heurs et malheurs", pp. 5-16 ; MHSI 147, *Mon. Prox.-Orient.*, III, pp. 58-61 ; VERNIERO, *Cronache*, 1, pp. 31-37.

[24] LEMMENS, *Acta S. Congregationis de Propanganda Fide pro Terra Sancta*, pp. 130-131.

[25] NEUVILLE, "Heurs et malheurs", 1, pp. 20.

> la faiblesse des jésuites, avec la soif qu'ils ont de s'introduire dans cette sainte cité ; voilà presque cent ans, selon nos registres, qu'ils manœuvrent pour s'introduire : ils ont commencé par voie du Saint-Siège et cette Sacrée Congrégation doit en avoir les Actes, si bien que finalement, Urbain VIII [1623-1644], d'heureuse mémoire, imposa le silence [suit le récit des intrigues successives des jésuites].
>
> Ces bons Pères ne s'intéressent qu'à leur but de s'introduire, mais ils ne réfléchissent pas aux désordres graves et inévitables qui viendraient à en résulter, jusqu'au danger de perdre les Lieux Saints, à la possession desquels aspirent tellement les Grecs eux-mêmes que cela leur suffirait pour nous ruiner[26].

En 1728, le P. Antoine-Marie Nacchi (1666-1746)[27], originaire de Chypre, alors missionnaire à Antoura au Liban, avait installé, dans le village de el Jish, ou, en hébreu, Gish, près de Safed ou Zefad, en Haute-Galilée, un modeste pied-à-terre pour nos Pères qui venaient parfois prêcher dans les villages chrétiens de la région. Mais la Custodie en prit ombrage à nouveau et cela ne dura pas[28].

---

[26] CASTELLANI, *Atti del Rev^mo Padre Lorenzo Cozza*, I, pp. 376-379, citations des pp. 377 et 379 traduites de l'italien..

[27] *DHCJ*, III, p. 2791.

[28] LEVENQ, *Première mission*, p. 51 ; LEMMENS, *Acta S. Congregationis de Propaganda Fide*, II, pp. 22-23.

II. Voyageurs ou pèlerins jésuites en Terre Sainte

On conserve le souvenir du passage de quelque soixante-cinq jésuites en Terre Sainte entre 1578 et 1741. Durant le dernier quart du XVIe siècle, ils furent douze Pères et cinq Frères, surtout italiens et espagnols, voyageant presque toujours à deux ou à trois ; dans cinq cas, le voyage se fit à l'occasion de missions auprès des Maronites ou auprès d'autres chrétiens orientaux ; deux fois se fut par ordre de Philippe II. Aux XVIIe et XVIIIe siècles, des quarante-six Pères et des neuf Frères, la majorité sont français de la Mission de Syrie ou en transit vers l'Est ; au XVIIe siècle, dans la moitié des cas, le voyage se fit, semble-t-il, à l'occasion de la fête de Pâques ; enfin, comme entre 1578 et 1596, ces voyages se firent plus fréquents entre 1645 et 1659 : durant cette période de quinze ans seulement, douze Pères et quatre Frères firent le voyage[29].

De tous ces pèlerins jésuites, un seul est mort à Jérusalem et un autre a été béatifié. Je les présenterai de façon plus développée.

---

[29] Nos sources sont principalement : LEBON (?) – LEVENQ (éds), *Missionnaires jésuites du Levant* ; ZIMOLONG, *Navis Peregrinorum* ; RÖHRICHT, *Bibliotheca geographica Palestinae*.

Les premiers jésuites qui visitèrent la Terre Sainte après Ignace semblent avoir été les Pères Tomassao Raggio et Gianbattista Eliano[30], accompagnés du Frère Mario Amato : en 1578, Grégoire XIII les envoyait en mission auprès des Maronites. En 1581 et 1582, il y eut deux autres groupes de pèlerins jésuites : le premier comprenait les Pères Eliano et Giovanni Bruno, avec les Frères Amato et Gio Bernardino Dionisi, de nouveau en mission auprès des Maronites, tandis que le second groupe comprenait le Père Jerónimo Rodriguez et le Frère Baltasar Dias qui, par ordre de Philippe II, venaient accomplir le vœu testamentaire du cardinal Enrique du Portugal[31].

En 1583, le Père Lorenzo Pacifico et le Frère Giacomo Benedetti accompagnèrent en qualité de chapelains le duc Christophe Radzivill, "*dux Olicae*", durant son pèlerinage[32]. En 1584, les Pères Leonardo Sant'Angelo et Ignacio de las Casas[33], avec le Frère Francisco Lanza, accompagnaient Mgr Abela dans sa mission auprès des Jacobites et des Melkites ; ils célébrèrent la fête de Pâques au Saint-Sépulcre à

---

[30] *DHCJ*, II, pp. 1233-1234.
[31] MHSI 136, *Mon. Prox.-Orient.*, I, pp. 62*-64*.
[32] SACCHINI, *1583*, n° 25. Dossier dans MHSI 147, *Mon. Prox.-Orient.*, III, pp. 7-43.
[33] *DHCJ*, I, pp. 687-688.

Des Jésuites de passage en Terre Sainte entre 1556 et 1773

Jérusalem. La même année, à partir de l'Égypte, le Père Francisco Sasso et le Frère Fancisco Buono, accompagnant le Père Eliano dans sa nouvelle mission auprès du Patriarche Copte, en profitèrent pour visiter les Lieux Saints. En 1591, au nom de Philippe II, le Père Diego de Salazar[34] visita plusieurs sanctuaires d'Europe de d'Asie ; entre autres, il célébra la fête de Pâques à Jérusalem ; en 1591, il écrivit un *Viaggio di Terra Santa*, dont une partie seulement a été publiée[35]. En 1596, les Pères Girolamo Dandini et Fabio Bruno, envoyés auprès des Maronites, montèrent aussi à Jérusalem.

Il faut attendre 1615 pour revoir des jésuites en Terre Sainte. Ce furent les Pères François Canillac et Jérôme Queyrot, dont on a parlé plus haut. En mars et avril de l'année suivante, ce fut au tour des Pères Giovanni A. Marietti et Pietro Metoscita, en mission auprès des Nestoriens[36].

On peut situer ici le pèlerinage du bienheureux japonais Pedro Kasui[37]. Son nom de famille était Kibe. Il naquit en 1587 à Urabe dans la presqu'île de Kunisaki, sur le dé-

---

[34] *DHCJ*, IV, pp. 3468-3469.
[35] La version italienne a été publiée partiellement dans MHSI 147, *Mon. Prox.-Orient.*, III, pp. 146-171 : le passage sur le séjour à Jérusalem a été omis.
[36] MHSI 147, *Mon. Prox.-Orient.*, III, pp. 61*-76*.
[37] CIESLIK, *P. Pedro Kasui (1587-1639)*.

troit de Bungo, au sud du Japon. Son père s'appelait Romano Kibe ; c'était un chrétien qui comptait. Vers 1600, Pedro entra au séminaire d'Arima où il étudia les littératures latine et japonaise ; à la fin de ses études, en 1606, il fit le vœu d'entrer dans la Compagnie de Jésus. Il ne fut tout d'abord que catéchiste au service de la mission ; c'est alors qu'il prit le nom de Kasui. Mais en 1614, à cause d'un édit officiel d'expulsion, il se rendit, avec d'autres missionnaires, à Macao, mais, là, les jésuites refusèrent de le recevoir dans la Compagnie. En 1618, pour réaliser son vœu, il trouva un bateau qui le porta en Inde et, de là, partit à pied en traversant la Perse, la Syrie et la Terre Sainte. On ne sait rien d'autre sur sa présence à Jérusalem, où il passa très probablement. Arrivé à Rome, Pedro fut accepté au séminaire du diocèse et ordonné prêtre le 15 novembre 1620 dans une chapelle de la basilique du Latran. Le samedi 20, le jeune prêtre se présenta au noviciat des jésuites au Quirinal où finalement il fut accepté dans la Compagnie. Durant son noviciat, il dut connaître saint Jean Berchmans, qui mourut au Collège Romain en 1621, et le cardinal Robert Bellarmino qui finissait ses jours précisément au noviciat de Saint-André du Quirinal ; le 12 mars 1622, il dut vivre aussi la canonisation de saint Ignace et de saint François Xavier. C'est à cette époque que le

Des Jésuites de passage en Terre Sainte entre 1556 et 1773

Père Général Mucio Vitelleschi lui permet de retourner au Japon pour y exercer le ministère sacerdotal auprès des chrétiens persécutés. Le 6 juin 1622, Pedro partit pour Lisbonne et y acheva son noviciat et, en 1623, repartit pour l'Inde, Manille et Macao. En 1627, ne réussissant pas à trouver un bateau pour rentrer au Japon, il se rendit en Thaïlande, puis à Manille. Finalement, en 1630, il parvint à rentrer au Japon sur un frêle esquif et travailla pendant neuf ans d'abord à Nagasaki, puis dans le nord du pays. En 1639, avec deux autres jésuites, l'un milanais et l'autre japonais, il fut arrêté et conduit à Tokyo. Là, le tribunal les condamna au supplice de la fosse : pendu par les pieds, le condamné avait la tête enfoncée dans un trou d'ordures ; lui seul demeurant ferme dans la foi, un coup de lance l'acheva. Il a été béatifié le 24 novembre 2008 par Benoît XVI avec plusieurs autres martyrs.

Reprenons le rappel des pèlerins jésuites dont on a gardé le souvenir du passage à Jérusalem. En 1636, le Père Gaspard Maniglier, le fondateur de la Mission de Syrie, rentrait en France, mais, pressé par le temps, il ne put voir que la Galilée. Le 20 décembre 1645, le Père Isaac d'Aultry, supérieur de la Mission de Grèce et de Syrie, arriva à Jérusalem. Le 1er janvier 1654, arrivèrent à Jérusalem le Père Bernard Distel, qui s'en allait en Perse en direction de la

Chine avec le Père Humbert Augery[38]. Le 24 mars de la même année, arriva à son tour le Père Adrien Parvilliers (1619-1678)[39], dont on publia à Paris en 1680 *Les Stations de Jérusalem*[40]. La même année encore, mais à une date inconnue, passa à Jérusalem le Père Alexandre de Rhodes[41], qui se rendait en Perse. Le 21 mars 1655, arriva le Père Nicolas de Poiresson, supérieur des jésuites de Sidon ; à la Bibliothèque Nationale de Paris, on conserve de lui un récit manuscrit de son pèlerinage. À Pâques de 1656, arrivèrent les Frères Pierre Becherel et Benoît Rivoire ; le premier était déjà allé à Nazareth en 1652 ou 1653. Le Vendredi-Saint de 1659, le Père Joseph Besson[42], qui publia en 1660 *la Syrie Sainte*, arrivait à Jérusalem[43]. En 1665, à partir d'Alep, le Père Michel Nau (1633-1683)[44] visita la Galilée en compagnie des Pères René Clisson[45] et Claude Le Febure, puis, en 1674, le reste de la Terre Sainte en compagnie, cette fois,

---

[38] *DHCJ*, I, pp. 269-270.

[39] *DHCJ*, III, p. 3050.

[40] À partir de 1682, de nombreuses éditions sous le titre de *la Dévotion des Prédestinez ou les stations de la Passion de Jésus-Christ crucifié, qui se font en Jérusalem*.

[41] *DHCJ*, IV, pp. 3342-3344.

[42] *DHCJ*, I, p. 429.

[43] En 1662, l'ouvrage fut traduit en italien sous le titre de *Storia Santa* ; il fut réédité en 1862.

[44] *DHCJ*, IV, pp. 2802-2803.

[45] *DHCJ*, I, p. 828.

Des Jésuites de passage en Terre Sainte entre 1556 et 1773

du Père Robert Saulger, du Frère Claude des Moulins et de l'ambassadeur de France à Constantinople ; son récit *Voyage nouveau en Terre Sainte*, parut tout d'abord sans nom d'auteur à Paris en 1696, puis, toujours à Paris, mais avec son nom, en 1726 et 1744. En 1684, le Père Joseph Boisot arrivait à Jérusalem : de ce voyage, il a laissé une relation manuscrite qui est conservée à Besançon[46].

Entre temps, en 1683, le Père Antoine Resteau vint à Jérusalem et y mourut. Né à Laon, dans l'Aisne, en 1622, il entra dans la Compagnie en 1642 et fut ordonné prêtre en 1654. Au début de 1656, ayant demandé au Père Général de visiter Lorette et Rome avant de partir pour la mission du Levant, celui-ci l'informa que la peste sévissait au Proche-Orient et qu'il fallait renoncer à s'y rendre. Finalement, il arriva en Syrie le 1er janvier 1657. Jusqu'en 1661, il était rattaché à la résidence de Tripoli tout en exerçant son ministère dans la montagne libanaise. Après quoi, il résida à Alep, alors que le Père Joseph Besson y était supérieur, mais les deux hommes ne s'entendaient guère. Le Père Resteau avait été le confesseur ordinaire du Patriarche catholique André, d'Alep, et il avait reçu la confession générale de l'évêque de Jérusalem, Pierre, qui succéda au Pa-

---

[46] D'après RÖHRICHT.

triarche André ; le nouveau Patriarche restait très attaché au Père, mais celui-ci "sans rompre avec lui, s'en éloigna le plus possible". On ignore pour quelle raison il se trouvait à Jérusalem en 1683. Le 19 janvier 1684 – non pas le 19 décembre 1683 – il y mourait de la peste : il fut le premier jésuite à mourir à Jérusalem, mais on ignore où il fut enterré. Au début de son éloge funèbre, parue dans *Lettres annuelles de [la Province de] Champagne*, on lit ceci qui n'est peut-être pas seulement littérature :

> En Palestine, au pied du Calvaire, à Jérusalem, après d'épuisants travaux incroyables, le Père Antoine Resteau, de Laon, [...] fut dévoré par une fièvre contagieuse. Tandis que si souvent il aurait été enseveli vivant avec le Christ et cloué à la croix du Christ, il était digne de mourir pour ainsi dire dans les embrassements du Calvaire et le baiser de Jésus[47].

Du XVIIIe siècle, on retient surtout le nom de deux jésuites érudits. Le premier est le Père Charles Neret (1674-1714), originaire de Lyon ; en 1713, en compagnie du Frère Charles Bicornet, il fit, à partir de la Syrie, le pèle-

---

[47] Traduit du latin. Je dois ces renseignements au P. G. Bottereau, archiviste de la Compagnie à Rome en 1984. Il renvoyait à ARSI, *Camp.* 4,61.

rinage en Terre Sainte, sur lequel il envoya au Père Fleuriau un long rapport qui fut publié dans les *Nouveaux Mémoires*[48]. Le second est le Père John Tempest, mort en 1737, qui publia des lettres sur son voyage de 1736 en Grèce et en Terre Sainte[49].

Le récit du Père Neret est d'une bonne tenue littéraire. Il est truffé d'observations intéressantes sur les lieux visités et les personnes rencontrées et surtout il ne manque jamais de rappeler les épisodes, bibliques ou non, qui ont marqué tel ou tel lieu visité ou vu de loin. Enfin, c'est vraiment le récit pieux d'un pèlerin chrétien. Ses pages comprennent essentiellement deux étapes très différentes. La première est centrée sur Jérusalem et fournit des dates précises qui permettent une comparaison avec le pèlerinage d'Iñigo en 1523, tandis que la seconde, plus brève et sans indication chronologique, concerne la Galilée, qu'Iñigo n'avait pu voir.

À peine arrivé de France au Liban, Neret, avec un groupe de trois cents personnes, quitte par bateau Saïda, au Liban, le 7 avril 1713, le lundi qui précède le dimanche des Rameaux, et, le jeudi 30 avril, le groupe se rembarque

---

[48] Au tome V, pp. 1-121. Il vient d'être réédité presque intégralement en 2004 par I. et J.-L. VISSIÈRE, *Lettres édifiantes*, pp. 161-200.

[49] D'après A. DE BACKER, 3, p. 1076.

à Jaffa pour rejoindre Akko (Saint-Jean d'Acre). Quant à Jérusalem, les pèlerins y entrent le samedi 12 avril, veille des Rameaux, et n'en repartent que le dimanche 27. Tout est donc centré sur le jour de Pâques, le 20 avril.

Du 7 au 12 avril, c'est l'itinéraire normal de Jaffa à la Ville Sainte ; les formalités officielles sous les Turcs se firent à Ramla, non plus à Jaffa, comme au temps d'Iñigo. Le groupe passa par Lydda (Lod), Latroun, Saint-Jérôme (Abou Gosh) et la Vallée du Térébinthe (Motza). À Jérusalem, Neret est accueilli au couvent franciscain de Saint-Sauveur. Du lundi au mercredi de la Semaine Sainte, soit du 14 au 16 avril, ils descendent au Jourdain en passant par Béthanie, le Wadi Kelt et le Mont de la Tentation, qu'ils gravissent, ce qui avait été interdit au groupe auquel Iñigo s'était joint. Au retour, le mercredi, ils s'arrêtent à Gethsémani et au Jardin des Oliviers ; Neret note que les noyaux des olives servent à confectionner des chapelets pour les chrétiens.

Les offices du Jeudi Saint, du Vendredi Saint et du Samedi Saint se célèbrent le matin dans la basilique du Saint-Sépulcre. Le Vendredi Saint après-midi se déroule une procession étonnante : une reproduction du corps du Christ, grandeur nature et aux membres articulés, est portée aux différents endroits de la basilique qui rappellent les épisodes marquants de la Passion : la crucifixion, la des-

Des Jésuites de passage en Terre Sainte entre 1556 et 1773

cente de croix, les onctions sur la pierre à l'entrée de la basilique, puis la mise au tombeau. L'office du Samedi Saint donne l'occasion à Neret de signaler qu'au même moment, les Grecs orthodoxes célèbrent leur étrange cérémonie du feu nouveau : en 1713, Pâques tombait-il le même jour pour les uns et les autres ?

Durant la semaine de Pâques, seul le lundi occupe les pèlerins : ils vont à Bethléem, puis à Aïn Karem où ils visitent l'église de Saint-Jean Baptiste et Neret signale qu'elle fut récupérée et restaurée grâce aux dons de Louis XIV ! Les pèlerins rentrent à Jérusalem en passant par le monastère de la Sainte-Croix.

Les derniers jours à Jérusalem, du 22 au 26 avril, Neret les passe à visiter la Ville Sainte et ses environs immédiats. Il est entré sur l'esplanade des mosquées, mais l'accès du Dôme du Roc était interdit aux chrétiens. Il explique bien quelques stations de la *Via Dolorosa*, dont l'arc de l'*Ecce Homo*, où l'on pensait à l'époque que Pilate avait présenté Jésus à la foule. Le Tombeau de la Vierge, près de Gethsémani, était encore aux mains des franciscains. Au Mont des Oliviers, il vit la Grotte du *Pater* et, au lieu de l'Ascension qu'il décrit, la trace du pied gauche, qui avait tant préoccupé Iñigo. Hors ville, Neret signale encore le Tombeau des Rois en ruine, aujourd'hui restauré et propriété de la France.

La seconde partie du récit de Neret est consacrée à la Galilée. Accostés à Akko, les pèlerins allèrent à Nazareth, puis à Capharnaüm, au Mont des Béatitudes, au Cana des franciscains, au Mont Tabor et, enfin, au monastère des Pères Carmes au Mont Carmel, où Neret s'arrêta quatre jours, avant de s'embarquer à Akko avec les autres pèlerins pour Saïda, d'où ils étaient partis.

Nos sources mentionnent encore les jésuites suivants, pèlerins à Jérusalem et souvent, jusqu'à la fin du XVIIe s., avec la date de leur arrivée dans la Ville Sainte ; nous ne savons rien de ce qu'ils ont vécu durant leur pèlerinage. Voici leur noms :

le Père Paul-Guillaume Godet, Missionnaire Apostolique, le 12 avril 1647,

le Père Jean Amieu[50], supérieur de Saïda, le 31 mars 1649,

le Père Gilbert Rigauld, le 18 mars 1651,

le Père Adrien Greslon, en route vers la Chine, en 1653,

le Père Tomasz Mlodzianowski[51], de retour de Perse vers la Pologne, le 21 septembre 1657,

le Frère Raymond Bourgeois, le 1er avril 1659,

---

[50] *DHCJ*, I, pp. 154-155.
[51] *DHCJ*, III, p. 2712.

le Père George Rihesius, Argentin, le 20 novembre 1659,

le Père Claude Haudiquer, supérieur à Saïda, le 25 novembre 1681,

le Frère Pierre Riquette, dans les années 1690,

le Père René Pillon et le Frère Guillaume Bonnet, le 2 avril 1692,

le Père Jean Verzeau[52], supérieur de la Mission de Syrie, en 1700,

le Père Arnold Ryskewaert, rentrant de Perse en Europe, en 1701,

le Père Gilles-Antoine Sauvage, supérieur à Alep, en 1702,

le Père François de Vois, en 1710,

Le Père Jean Sigala reçut en 1721 un "Passeport... pour aller en Terre Sainte"[53],

le Père François-Xavier Petitqueux, en 1723,

le Père Yves de Lerne, supérieur à Saïda, en 1724,

le Père Jean Reynald, avant de retourner en France, le P. Jean-Baptiste Charron, se rendant en Perse, et le Frère Pierre M. Kobbie, allant du Caire à Tripoli, tous les trois en 1730,

---

[52] *DHCJ*, IV, p. 3936.
[53] Archives du Ministère des Affaires Étrangères de France – Marine, B, 7, 122 ; Affaires Religieuses du Levant, cart. 2, f. 188.

le Frère Jean-Joseph Richard, puis le Père Marc-Antoine Seguran, rentrant en France, tous les deux en 1738,

le Frère René Breyé, en 1739,

le Père Pierre Hodoul, en 1741.

On note dans cette dernière liste un grand nombre de jésuites français. La plupart de ceux-ci appartient aux missions jésuites du Proche-Orient. D'autres sont en route vers la Perse et la Chine ou en reviennent. On voit aussi que durant le XVIIe s., les données dont nous disposons indiquent que plusieurs se trouvaient à Jérusalem pour la fête de Pâques. Enfin, de 1742 jusqu'à la suppression de la Compagnie en 1773, aucun jésuite n'est signalé à Jérusalem.

Reste que, de 1556 à 1773, aucun jésuite ne s'est à proprement parler installé en Terre Sainte ou, en particulier, à Jérusalem. Durant la même période, aucune résidence de jésuites ne s'est ouverte en ces lieux. La raison principale tient aux pouvoirs exclusifs des franciscains, seuls gardiens catholiques des Lieux Saints. Quant aux récits de pèlerinage que certains ont publiés, on notera leur caractère à la fois instructif et édifiant.

JÉRUSALEM ET LES JÉSUITES
DE 1814 À 1909

La dernière tentative d'établir un lieu où des jésuites auraient pu loger en Terre Sainte date de 1728 et elle échoua, comme on l'a dit. Il fallut attendre un peu plus d'un siècle pour qu'un nouveau projet voie le jour. Entre temps, la Compagnie, qui avait été dissoute en 1773, avait été restaurée en 1814.

En effet, Constantin Giusti, artiste peintre, compagnon de voyage en 1831 des fondateurs de la nouvelle Mission du Proche-Orient et plus ou moins candidat à la Compagnie pendant plusieurs années, avait manifesté l'intention d'établir celle-ci en Terre Sainte ; il aurait financé l'installation d'une maison de retraite, selon les *Exercices spirituels* de saint Ignace, à Jérusalem ou, si cela se serait avéré impossible, à Naplouse, en Samarie. À plusieurs reprises, l'affaire revint dans la correspondance entre la Curie généralice de la Compagnie à Rome et les

Supérieurs du Proche-Orient. Elle n'aboutit pas et il semble même qu'aucun jésuite n'ait vraiment espéré la voir aboutir.

En 1847, le Patriarcat Latin de Jérusalem fut rétabli par Pie IX et Mgr Giuseppe Valerga en fut le premier titulaire. Un contact direct fut établi entre notre Mission de Syrie et la Ville Sainte lorsqu'en 1848, le nouveau Patriarche envoya les dix premiers séminaristes de son diocèse au Séminaire interrituel organisé depuis 1843 par les jésuites à Ghazir, à quelques kilomètres au nord de Beyrouth. Ces séminaristes ne quittèrent Ghazir pour le nouveau séminaire patriarcal de Jérusalem qu'en janvier 1858. Ce séminaire fut ensuite établi à Beit Jala, près de Bethléem. Dès lors, à plusieurs reprises, des jésuites furent invités à y prêcher la retraite annuelle aux séminaristes[54].

Le 14 juin 1864, Mgr Valerga, en sa qualité de Patriarche Latin de Jérusalem, accepta d'être le Directeur de la Confrérie du Cœur agonisant de Jésus et d'établir le siège de celle-ci à Jérusalem. Cette Confrérie avait été fondée par le jésuite français Jean Lyonnard (1819-1887) ; en 1867, Pie IX l'éleva au rang d'Archiconfrérie, ayant dès

---

[54] JULLIEN, *La nouvelle Mission de la Compagnie de Jésus en Syrie*, pp. 141-146 ; DUVIGNAU, *Mgr Joseph Valerga*, pp. 103, 169 et 171.

lors le privilège de fonder des filiales dans le monde entier ; elle existe toujours[55].

Quand les jésuites de Beyrouth demandèrent au Saint-Siège l'autorisation de traduire la Bible latine, la Vulgate, en arabe classique, la *Propaganda Fide* les dirigea vers Mgr Valerga en confiant à ce dernier la responsabilité de la traduction. Il y eut alors un échange de lettres à ce sujet entre Beyrouth et Jérusalem. La maître d'œuvre était le Père Augustin Rodet (1826-1906)[56], du Séminaire de Ghazir, et ses collaborateurs, les Pères Philippe Cuche (1818-1895), Joseph Roze (1834-1896) et Joseph Van Ham (1813-1889). Pour la révision finale, le Patriarche de l'époque, Mgr Vincent Bracco, nomma deux jésuites et le Supérieur de la Mission de Syrie, deux autres. Les trois volumes de cette Bible en arabe sortirent de presse entre 1876 et 1880, avec l'*Imprimatur* du Patriarche[57].

En 1856, le sanctuaire de Sainte-Anne, près de la Porte des Lions en vieille ville, fut remis par le gouvernement turc à la France. Les travaux de restauration commencèrent en 1862 pour ne s'achever qu'en 1877. Or, le 9 juin 1872, le Père Alphonse-Marie Ratisbonne (1814-1884) envoyait

---

[55] DUVIGNAU, *Mgr Valerga*, p. 269.
[56] JALABERT, *Jésuites au Proche-Orient*, pp. 85-86.
[57] Sur ces jésuites, voir JALABERT, *Jésuites au Proche-Orient*.

une longue lettre au Consul de France à Jérusalem, Ernest Crampon. Ratisbonne, le converti de Saint-André *delle Frate* à Rome le 20 janvier 1842, avait été jésuite de 1842 à 1852 et, depuis 1855, il s'était installé à Jérusalem, puis à Aïn Karem, où la tradition fixe le lieu de la Visitation. Cette lettre, faisant suite à une autre qui est perdue, répondait à une question du Consul en suggérant à ce dernier de confier l'œuvre française de Sainte-Anne aux jésuites : ils pourraient y ouvrir un collège pour garçons, tandis qu'à l'*Ecce Homo*, non loin de là sur la *Via Dolorosa*, les Sœurs de Notre-Dame de Sion ouvriraient une école pour jeunes filles. Celle-ci vit le jour, mais le projet d'un collège jésuite n'eut pas de suite[58]. En fait, l'église médiévale de Sainte-Anne et les bâtiments qui l'entourent furent confiés en 1878 aux Père Blancs du cardinal Lavigerie.

Quant aux jésuites venus en Terre Sainte entre 1814 et 1909, ils furent vraisemblablement assez nombreux. Mentionnons ceux dont nous sommes sûrs. En 1848, le Père Klemens Faller (1814-1897), jésuite allemand, voyagea en Terre Sainte, puis en Afrique[59]. En mai 1862, le jeune jé-

---

[58] La lettre en question est conservée chez les Sœurs de Notre-Dame de Sion à Aïn Karem.
[59] THOELEN, *Menologium*, Roermond 1901, p. 132.

suite anglais William Gifford Palgrave (1826-1888), qui devait quitter en 1865 la Compagnie et l'Église, descendit de Jaffa au Negev, avant de s'enfoncer en Arabie jusqu'à Riad et Muscat ; le projet de ce long itinéraire d'explorateur avait été accepté par le Père Général Jan Roothaan et financé personnellement par l'empereur Napoléon III ; Palgrave publia en 1865 le récit de son célèbre voyage, dont le but était à la fois scientifique et missionnaire[60].

Le Père Michel Jullien (1827-1911)[61] passa plusieurs fois à Terre Sainte, à partir soit du Liban soit de la Syrie ; historien et explorateur, il s'intéressait aussi bien aux travaux récents qu'aux vestiges antiques ; c'est ainsi qu'il écrivit dans la revue *les Missions Catholiques*, un article sur "Le long du chemin de fer de Jaffa à Jérusalem", paru en 1891 et, en 1996, un autre sur "Une vallée des anciens solitaires de Palestine" : il s'agit alors du wadi Fara et du wadi Kelt.

Il y eut aussi le Père Léopold Fonck (1865-1930), jésuite allemand ; en 1895 et 1896, il voyagea au Proche-Orient, se familiarisant avec le syriaque et l'arabe ; en 1896, accompagnés des Pères Leroy et Albert Condamin, il ren-

---

[60] *Narrative Year's Journey*, traduit en français. Sur le but de Palgrave, cf. ALLEN, *Palgrave of Arabia*, p. 168. À tort, semble-t-il, d'aucuns ont mis en doute l'authenticité de ce périple.
[61] JALABERT, *Jésuites au Proche-Orient*, pp. 102-103.

dit une visite de courtoisie au Père Marie-Joseph Lagrange, O.P., à l'École Biblique de Jérusalem que celui-ci avait créée en 1890[62]. Fonck revint en Palestine de février à juin 1907, alors qu'il était professeur d'exégèse à Innsbruck ; il y projeta un plan d'institut biblique, probablement pour son université, et, le 7 juin, le présenta même à Pie X, qui le trouva bon et lui demanda de le mettre par écrit pour le soumettre aux cardinaux de la Commission Biblique Pontificale, créée par Léon XIII le 30 octobre 1902[63]. Fonck allait encore faire parler de lui.

---

[62] LAGRANGE, *Au service de la Bible. Souvenirs personnels*, p. 71
[63] GILBERT, *L'Institut Biblique Pontifical*, p. 19.

TROISIÈME PARTIE
Les Jésuites s'installent en Terre Sainte

LES JÉSUITES DE L'INSTITUT BIBLIQUE PONTIFICAL DE 1909 À 2012

Par sa lettre apostolique *Vinea electa* du 30 mai 1909, Pie X fondait à Rome l'Institut Biblique Pontifical. La veille, le cardinal Rafael Merry del Val, Secrétaire d'État, informait le Père Général François-Xavier Wernz que cette institution académique était, "comme convenu", confiée à la Compagnie de Jésus, ce qu'elle est encore aujourd'hui.

La fondation d'une succursale de l'Institut à Jérusalem n'était pas dans les plans et ce n'est que petit à petit que les jésuites en arrivèrent à l'implanter définitivement.

L'histoire de cette succursale a été racontée en détail[1]. On ne la reprend pas ici. Dans ce chapitre, comme dans le suivant, ce sont par contre quelques figures marquantes de jésuites qui seront évoquées.

---

[1] GILBERT, *L'Institut Biblique Pontifical*, pp. 307-457.

I. Les excès du Père Fonck et son échec (1909-1927)

Il était assez normal que l'institut romain envisageât une implantation en Terre Sainte. Pour des étudiants devant se spécialiser en Écriture Sainte, un contact direct et prolongé avec la terre biblique, couvrant tout le Proche-Orient, était indispensable. Il leur aurait fallu percevoir le milieu de pensée et de vie, visiter les Lieux Saints et en connaître l'histoire, prendre contact avec les fouilles archéologiques et, enfin, se perfectionner dans les langues sémitiques.

Deux possibilités se présentaient. D'une part, les jésuites de Beyrouth avaient ouvert en 1902 une faculté orientale à leur Université Saint-Joseph et celle-ci disposait depuis la fin du XIXe siècle d'une bibliothèque spécialisée. Pourquoi ne pas profiter de ce qui existait déjà, bien que ce fut excentrique par rapport à la Terre Sainte ? D'autre part, en 1890, le dominicain Marie-Joseph Lagrange avait créé à Jérusalem l'École Biblique, qui, depuis, avait développé sa bibliothèque, édité la *Revue Biblique* et d'autres ouvrages scientifiques. Était-il sage de venir lui faire concurrence ?

Dans un premier temps, le Père Leopold Fonck préféra la première solution. Fonck (1865-1930), né à Wissen, près de Dusselforf, avait obtenu les doctorats d'alors en philosophie et en théologie à l'Université Grégorienne.

Prêtre diocésain, il entra dans la Compagnie en 1892. En 1901, il devenait professeur du Nouveau Testament à l'Université d'Innsbruck. En 1909, Pie X en fit le premier recteur de l'Institut Biblique. C'était une force de la nature, un polémiste vigoureux qui défendait avec acharnement l'exégèse traditionnelle, ce qui l'avait conduit à s'opposer de plus en plus nettement au Père Lagrange : il l'accusait d'être trop à la remorque des exégètes protestants allemands. En pleine crise moderniste, il répétait : "Lagrange, le propagateur du plus funeste modernisme : je lui casserai les reins !".

Fonck avait l'oreille du pape, tandis que, depuis 1907 au moins, Lagrange était sérieusement soupçonné et contrôlé. À Rome, quand il s'était agi de créer de toutes pièces l'Institut Biblique, Fonck avait fait merveille. À Jérusalem, ce fut tout le contraire.

Dès janvier 1911 donc, Fonck prit contact avec le Père Antoine Foujols, recteur de l'Université Saint-Joseph, ainsi qu'avec le Père Sébastien Ronzevalle, professeur à la faculté orientale. Celle-ci accueillerait des étudiants du Biblique de novembre à mars pour des cours de spécialité. Le reste de l'année serait consacré à visiter la terre biblique. Mais, pour cela, Fonck prévoyait une implantation au Mont

Carmel, assez loin, par conséquent, de Jérusalem et du Père Lagrange. Grâce à un don de Jeanne du Coëtlosquet, de Nancy, les frais d'une telle fondation seraient couverts. Mais ce projet, pourtant appuyé par le cardinal Merry del Val, fit craindre le pire à l'Ecole Biblique et fut refusé tout net par les Pères Carmes. Cependant, de passage à Jérusalem en septembre, Fonck avait été impressionné par l'insistance avec laquelle le Père Jean-Louis Féderlin, Père Blanc de Sainte-Anne, lui proposait de venir s'installer à Jérusalem.

L'année 1912 vit un changement de cap, avec des péripéties assez inutiles. En mai et juin, sous le sceau du secret, Fonck écrit plusieurs lettres aux Pères Blancs, où il affirme agir par ordre de Pie X. La succursale de l'institut s'établira à Jérusalem. On cherchera à acquérir deux terrains, l'un au pied du Mont des Oliviers pour y procéder à des fouilles archéologiques, l'autre à l'emplacement du Consulat de France actuel pour y construire un établissement aux dimensions relativement modestes. Vœu pieux que la suite démentira. Le choix de Jérusalem a explicitement pour but d'évincer le Père Lagrange, traité de "moderniste", lequel d'ailleurs sera censuré le 29 juin par le Vatican, si bien qu'à sa demande, il quittera l'École Biblique en septembre et rejoignit la France pour moins d'un an. Par ailleurs, pour donner consistance à la succursale, la faculté orientale de Beyrouth et sa bibliothèque prendraient le chemin de Jérusalem. Là encore vœu pieux. Et pour garantir l'existence de la succursale, qui n'existe pas encore, on la mettra sous le protectorat de la France : c'est la seule chose du projet qui fut réalisée en novembre. Pendant ce temps-là, le principal quiproquo venait du fait que personne ne savait exactement qui s'implantera à Jérusalem : les jésuites ou l'institut pontifical ? Le secret des tractations embrouillait tout, tant et si bien que la presse française et le Quai d'Orsay cherchèrent l'une et l'autre à défendre le Père Lagrange et son École Biblique.

En 1913, les affaires ne s'arrangent pas du tout. Dès janvier, Fonck a versé une belle somme pour acheter le terrain du Mont des Oliviers, mais sans que l'acquisition soit effective. À l'ouest, plusieurs terrains sont envisagés et, à Pâques, Fonck se rendit à Jérusalem pour en décider, mais, en fait, il jeta son dévolu sur un autre terrain de plusieurs hectares situé à deux kilomètres de la vieille ville, choix que le Père Général Wernz approuva en juin. Sur ces entrefaites, le Père Claude Chanteur, le nouveau Provincial de Lyon en charge de la Mission du Proche-Orient et très réticent face aux projets de Fonck, obtint une audience de Pie X : le pape lui dit qu'il voulait une succursale de l'Institut Biblique à Jérusalem, mais ni un institut aussi important que celui de Rome ni le transfert à Jérusalem de la bibliothèque de Beyrouth n'entraient dans ses intentions. Informé par le Père Chanteur, Fonck éclata en colère. Cependant une seule chose, toute neuve, fut réalisée : la première "caravane" de l'Institut Biblique de Rome, composée d'une dizaine d'étudiants, sous la direction du Père Alexis Mallon, visita, entre le 6 septembre et le 12 novembre, le Liban, la Syrie, la Palestine et l'Égypte[2]. Le Père Mallon s'installa ensuite à Notre-Dame de France, l'établissement pour pèlerins construit à la fin du XIXe siècle par les Pères Assomptionnistes, et il était chargé de préparer l'implantation de la future succursale.

L'année 1914 semblait devoir être prometteuse. Les deux terrains, à l'est et à l'ouest, furent acquis. Le premier indirectement, mais sans enregistrement officiel, tandis que l'autre, le "grand terrain" à l'ouest, directement et légalement. Sans perdre de temps, Fonck fit établir par l'architecte romain Astorri un plan grandiose et extravagant. Manifestement, depuis sa première idée de 1912 d'un bâtiment discret ne devant être qu'une succursale du Biblique de Rome, il entrevoyait à présent un institut complet à Jérusalem. Le Père Général commençait avoir des doutes sur ce projet et il se rendait compte aussi des tensions existant entre Fonck

---

[2] TRAMONTANO, *Un viaggio in Oriente.*

et Mallon, le premier ne faisant aucun cas de son confrère. La guerre éclata au début août et, parce que Français, Mallon fut expulsé par les Turcs. Il partit pour Rome.

La guerre terminée, les autorités avaient changé. En 1914, Benoît XV avait succédé à Pie X et, en 1915, le Père Wlodimir Ledóchowski avait été élu Général de la Compagnie ; puis, en 1918, le Père Andrés Fernández Truyols avait été nommé recteur de l'Institut Biblique. Or, en mai 1919, le Maître Général des Frères Prêcheurs Louis Theissling interrogea par écrit la Secrétairerie d'État du Vatican sur les intentions de Pie X à propos d'une implantation des jésuites à Jérusalem – encore la confusion entre la Compagnie et un établissement décidé par le pape –, car il craint que l'avenir de l'École Biblique n'en soit compromis. Le Vatican se mit en branle et le nouveau recteur du Biblique aussi. Pour le Père Fernández, il fallait s'en tenir à l'avis de Pie X : à Jérusalem, il ne pouvait y avoir qu'une annexe de l'institut romain et, sans tenir compte de l'opposition de Fonck, il l'écrivit au pape. En guise de réponse, Benoît XV confirma par écrit, le 29 juin, la position du Père Fernández : à Jérusalem, il n'y aurait qu'une succursale du Biblique de Rome, un point, c'est tout[3].

---

[3] Le texte parut dans les *AAS* du 1er août 1919.

Le Père Mallon rentra à Jérusalem le 4 décembre. Les Britanniques étaient désormais maîtres du pays. Le jésuite, dûment mandaté, régularisa la situation concernant les deux terrains. On résilia les accords passés au sujet du terrain au Mont des Oliviers. Mais que faire du grand terrain à l'ouest ? À la fin de 1924, le Père Mallon, pour qui il fallait y renoncer, s'en ouvrit au nouveau recteur du Biblique, le new-yorkais John J. O'Rourke, plus décidé et plus combatif que son prédécesseur. Le recteur, partageant l'avis du Père Mallon, s'en référa au Père Général et ce dernier, pour y voir clair – le Père Fonck continuant à mettre des bâtons dans les roues – chargea le Père Norbert de Boynes, son assistant pour la France, d'aller enquêter sur place et de lui faire un rapport. Ce rapport concluait à l'exclusion du terrain voulu par Fonck et à l'acquisition immédiate du terrain préconisé par le Père Mallon, celui-là même qu'occupe encore le Biblique de Jérusalem. C'était en février 1925. En octobre, ce terrain était officiellement acquis et le bâtiment fut ouvert le 1er juillet 1927.

Quant au Père Fonck, à la demande expresse de Pie XI, qui n'appréciait pas son exégèse, il fut finalement renvoyé dans sa Province en septembre 1929. Il mourut à Vienne le 19 octobre 1930.

II. Les fouilles archéologiques de Teleilat Ghassul (1929-1938)

Si le Père Fonck avait été indiscutablement le maître d'œuvre du siège romain de l'Institut Biblique Pontifical, le véritable fondateur de la succursale de Jérusalem fut le Père Alexis Mallon.

Né en 1875 à La Chapelle-Bertin, en Haute-Loire, entré dans la Compagnie en 1893, il passa ses premières années de jésuite à Ghazir, près de Beyrouth, en y étudiant, entre autres, l'arabe. De 1899 à 1902, il enseigna le copte bohaïrique aux séminaristes du Caire. De 1902 à 1905, il enseigna ensuite cette langue à la nouvelle faculté orientale de l'Université Saint-Joseph de Beyrouth. Sur les conseils du célèbre archéologue G. Maspéro, Mallon publia en 1907 (troisième édition en 1926) sa *Grammaire copte*, la seule existant à l'époque. En 1910, ayant achevé ses études de théologie en Angleterre et son Troisième An, il fut appelé à Rome pour enseigner au Biblique l'égyptien et le copte, jusqu'à ce qu'il soit envoyé en 1913 à Jérusalem pour y diriger la première "caravane" des étudiants de l'institut romain et surtout pour préparer l'implantation de la succursale de l'institut. Au terme de la Grande Guerre, loin de Jérusalem, il rédigea en partie au Caire son étude sur *les Hébreux en Égypte*, qui parut à Rome en 1921. De retour à Jérusalem à la fin de 1919, il renonça à vivre à Notre-Dame de France, car le prix de la pension y était trop élevé, pour s'installer dès 1920 à Saint-Pierre de Ratisbonne, chez les Pères de Notre-Dame de Sion. De 1921 à 1924, sous la conduite du Père Paul Bovier-Lapierre[4], de l'Université Saint-Joseph de Beyrouth, il se spécialisa en préhistoire. Le plus souvent durant la belle saison, ils se mirent à récolter des silex dans les principaux sites préhistoriques qu'ils découvraient et qui, à l'époque, étaient encore vierges, en commençant par les environs de Jérusalem, en particulier au Mont Scopus. En 1925, le Père Mallon publia un long article dans les *Mélanges de l'Université Saint-Joseph*, où il rendait compte de ces découvertes. En juillet 1927, il inaugurait la succursale de l'institut, dont le Père Général le nomma supérieur. La même année, il devint Vice Président de la *Palestine Oriental Society* et l'année suivante, il en fut élu le Président[5].

Cet homme, autodidacte aux multiples talents et de tempérament irénique, allait faire en janvier 1929 une découverte archéologique de première importance. Ce mois-là,

---

[4] JALABERT, *Jésuites au Proche-Orient*, p. 250.
[5] NEUVILLE, "Le R.P. Alexis Mallon, Ancien Président de la *Palestine Oriental Society*".

Mallon inspectait rapidement le site de Teleilat Ghassul à environ six kilomètres au nord-est de l'embouchure du Jourdain dans la mer Morte, actuellement en Jordanie. Son nom arabe signifie "les petits tells de salsola", de cette plante qui, séchée et réduite en poudre, servait à la lessive. L'endroit avait été simplement mentionné dans le *Survey of Eastern Palestine* des Britanniques (p. 217, n. 1). Ce que Mallon observa immédiatement, c'était, d'une part, un sol couvert de tessons rouges, de silex, de fragments de grès rose, de débris de meules en basalte ou en calcaire, et, d'autre part, l'absence de remparts autour de cette cité embryonnaire.

Ayant obtenu rapidement les autorisations requises, de la Compagnie et surtout du mandataire britannique, dont le permis de fouiller valait jusqu'en 1938, les jésuites se mirent au travail. Les fouilles débutèrent en novembre 1929. Mallon était secondé surtout par le Père Robert Koeppel, géologue de formation et intéressé par la préhistoire, qui avait apporté à Jérusalem sa bibliothèque spécialisée, et par le Frère Antonio Vives, qui, entre autres, recomposait avec minutie les jarres brisées : il complétait avec du plâtre les parties manquantes et l'on peut voir le résultat dans le musée de l'institut à Jérusalem. Les fouilleurs s'attaquèrent aux tells 1 et 3, respectivement au sud-est et au nord-ouest du site, séparés d'un de l'autre par une centaine de mètres.

Les premiers résultats furent publiés en tête du premier fascicule de la revue *Biblica* de 1930. Annonçant la découverte, Mallon se risqua à proposer que le site pouvait conserver les ruines de la Pentapole dont parle Gn 19 et, dans le journal *la Croix* du 3 mai, il se demandait même : "Avons-nous là les ruines de Sodome ?". C'était aller trop vite en besogne. Le Père Général réagit le 6 juin par une lettre envoyée à Mallon, lui suggérant de la prudence en la matière, avant que preuves ne soient données. Un an plus tard, en juillet 1931, même le Père Augustin Bea, nouveau recteur du Biblique, reprit l'hypothèse hasardeuse de Mallon dans un rapport sur Ghassul qu'il adressait à Pie XI ; celui-ci s'intéressait à ces fouilles qu'il finançait en partie. Une controverse éclata entre les jésuites du Biblique et les dominicains de l'École Biblique dont on aurait pu se dispenser si l'on avait écouté le Père Général. Mallon se trompait : il datait le site de la période de transition entre le néolithique et le chalcolithique, soit, précisait-il alors, vers 2.500 avant notre ère, tandis qu'aujourd'hui on considère que Ghassul a été occupé de 4.500 à 3.500 avant notre ère. Quoi qu'il en soit, Mallon venait de découvrir un site où les fouilles des années suivantes allaient mettre au jour une culture inconnue qu'on appelle *ghassuléenne* et qui se retrouve dans de nombreux autres sites préhistoriques de la Palestine et d'Israël.

Les fouilles furent menées selon les meilleures méthodes scientifiques du moment. Pie XI, un authentique savant, et le Père Bea y tenaient. Ce dernier rédigea en 1932 une instruction sur la manière de procéder : ce devait être le fruit de l'expérience de Mallon. Les fouilleurs disposaient d'une baraque et surtout d'instruments scientifiques. Ils recouraient à la photographie, aux dessins, aux plans et, pour chaque objet découvert, établissaient une fiche portant tous les renseignements utiles. Tout ce matériel se trouve encore dans les archives de l'institut à Jérusalem et on le consulte encore. En particulier, tous les négatifs des photos, généralement sur verre, ont été récemment scannés par le Père Jean-Michel de Tarragon, O.P., de l'École Biblique, puis, chacune d'elles a été remise dans une enveloppe transparente et non acide, pour en assurer la conservation.

Bea prévoyait aussi des contacts entre experts, soit en les invitant sur le site de Ghassul, soit en leur rendant visite sur leurs propres lieux de fouilles. Le fameux archéologue américain William F. Albright, qui travaillait alors à Megiddo, fut l'un d'eux, de même que les spécialistes de l'École Biblique.

Le travail des fouilles commençait en novembre, s'arrêtait en janvier et février, en raison des pluies, reprenait au début mars et s'achevait à la fin mars au début avril.

Parmi les découvertes, on retiendra que le site paraissait avoir connu quatre implantations successives au long d'un millénaire. En décembre 1932, on découvrit au tell 3 la célèbre fresque murale de l'étoile et des masques : gisant la face contre le sol, tout un travail technique fut nécessaire pour la relever et voir ce qu'elle représentait. Mais la lumière faisant disparaître rapidement les couleurs, une dessinatrice autrichienne, Tirsa Ettinger, présente sur le site, en reproduisit immédiatement les traits sur une grande toile qui fut ensuite vernie : celle-ci, universellement connue, est exposée au musée de l'institut à Jérusalem. Son interprétation reste un mystère : trois étoiles concentriques, de huit rayons chacune, jouant sur trois couleurs, le rouge, le jaune et le noir, occupent la plus grande partie du tableau. En 1934, Mallon notait qu'une étoile à huit branches était souvent aux époques suivantes le symbole de la déesse Ishtar. On n'en saura pas davantage. Par la suite, d'autres fresques furent également découvertes.

Mallon dirigea cinq périodes de fouilles. Au début de 1934, il était épuisé et, le 7 avril, il s'éteignit, victime d'une crise de malaria, à l'Hôpital Français de Bethléem. Il avait encore eu le temps de préparer, en collaboration avec le Père Koeppel et M. René Neuville, son ami du consulat de France à Jérusalem, le rapport définitif des fouilles qui avaient été menées de 1929 à 1932 sur le tell 1[6].

Le Père Robert Koeppel dirigea alors deux campagnes de fouilles, en 1936 et 1938. Il fut secondé par le Père Henri Senès, architecte de formation, dessinateur et arpenteur à Ghassul, arrivé à Jérusalem en 1935, et deux jeunes scolastiques jésuites venus des États-Unis. En 1940, avec eux, Koeppel publia le second rapport définitif des fouilles menées de 1932 à 1936 sur la couche supérieure du tell 3, c'est-à-dire l'implantation la plus récente du site[7]. Les troubles en Terre Sainte, puis la seconde guerre mondiale et, enfin, la guerre d'indépendance d'Israël et les années difficiles qui suivirent ne permirent plus de fouiller le site de Ghassul. Il fallut attendre l'hiver de 1959-1960 pour voir de nouveau un jésuite, l'américain Robert North, professeur de l'institut, y mener une campagne : il ouvrit une longue tranchée transversale entre les deux tells déjà fouillés partiellement auparavant et confirma que Ghassul avait bien connu quatre implantations successives[8]. Durant

---

[6] *Teleilat Ghassul*, I.
[7] *Teleilat Ghassul*, II.
[8] NORTH, *Ghassul 1960*.

les dernières décennies, d'autres équipes d'archéologues se sont occupés de Teleilat Ghassul.

III. Les temps difficiles de solitude (1939-1975)

A. *En temps de guerre (1938-1949)*

Cette décennie fut pénible à vivre pour les quelques jésuites encore présents à l'institut de Jérusalem. Dès novembre 1938, l'idée vint aux Britanniques, toujours mandatés par la Société des Nations, de réquisitionner la maison pour y loger leurs soldats de plus en plus nombreux en raison des troubles entre juifs et palestiniens, mais l'affaire n'eut pas de suite dans l'immédiat. À partir de septembre 1941, pourtant, le premier étage du bâtiment fut occupé par des officiers britanniques. Ils furent remplacés en 1942 par leur *Food Control* qui occupa en outre la moitié du second étage : les jésuites n'eurent plus alors que cinq chambres à leur disposition. En 1946, pour quelques mois, stipulait le contrat, le *Town Planning* prit la place du *Food Control*. Cependant, malgré l'expiration du contrat, les Britanniques continuaient à occuper les lieux. Il fallut faire intervenir le Saint-Siège : le Substitut de la Secrétairerie d'État, Mgr Giovanni Battista Montini, le futur Paul VI, émit le 24 mars 1948 un document officiel, enregistré par les autorités britanniques, stipulant que l'Institut Biblique de Jérusalem était une propriété du Saint-Siège. Finalement, les Britanniques se retirèrent à la dernière minute, à la fin avril 1948, quelques jours avant la proclamation par Ben Gourion, le 14 mai, de l'indépendance de l'État d'Israël. Désormais, l'institut se trouvait en Israël, dont les autorités vinrent prendre, l'année suivante, les archives que les Britanniques, dans leur débâcle, avaient abandonnées. L'institut recouvrait sa liberté. Toutefois, il se trouvait à quelques dizaines de mètres du *no man's land* qui le séparait de la vieille ville, désormais sous contrôle jordanien.

Le Père Andrés Fernández Truyols, qui avait été recteur de l'institut à Rome de 1918 à 1924, était arrivé à Jérusalem en 1927. Dans le contexte difficile qu'on vient de décrire, il dirigea la maison de 1939 à 1947, année de son retour en Espagne. C'était principalement un écrivain qui s'intéressait à la Terre Sainte. Parmi ses nombreux livres et articles, on retiendra surtout la vie de Jésus qu'il rédigea en espagnol et qui parut en 1948 à Madrid ; le livre eut un certain succès et connut plusieurs éditions[9]. En 1941 et 1942, profitant du peu d'occupations, lui et le Père

---

[9] *Vida de Nuestro Señor Jesús Christo.*

Henri Senès mirent de l'ordre dans les collections du musée que les fouilles de Teleilat Ghassul avaient considérablement enrichies ; ils exposèrent à part, dans les corridors, les collections de silex rassemblées jadis par le Père Mallon.

Les autres jésuites présents à Jérusalem durant cette décennie étaient les deux Frères Antonio Vives et Joseph Šira, sauf que ce dernier se réfugia au Liban de mars 1948 à janvier 1950. Un troisième, le Frère Eduard Decher, qui était normalement le cuisinier, parce qu'Allemand, avait été relégué durant la seconde guerre mondiale dans un camp à Nazareth, où, disait-il, il s'occupait de chevaux !

Le Père Henri Senès était né à Marseille en 1897 et il entra dans la Compagnie en 1925, après avoir exercé durant quelques années sa profession d'ingénieur-architecte. À la demande expresse du Père Bea, alors recteur du Biblique, il arriva en 1935 aux fouilles de Teleilat Ghassul pour une brève période de trois mois. En réalité, il restera en Terre Sainte pendant près de trente ans ! Il participa encore aux fouilles de 1936, de 1938 et même de l'hiver 1959-1960. Durant chaque campagne, sa formation initiale fut mise à contribution : arpenteur et dessinateur, il établissait des plans précis et des coupes verticales des tranchées ouvertes, qui furent publiés dans les rapports définitifs de ces fouilles. Pendant la seconde guerre mondiale, il se retira à Beyrouth. Durant la guerre de 1948, il envoya régulièrement au Père Bea recteur à Rome, des rapports détaillés sur les opérations militaires et sur leurs conséquences pour la maison, laquelle, semble-t-il, ne souffrit aucun dommage important ; ce dossier mériterait probablement une publication en raison des informations qu'il contient sur cette période capitale pour l'État d'Israël. Il s'intéressa par la suite aux fouilles que le professeur Yohanan Aharoni menait à Ramat Rachel, aux portes de Bethléem et il en publia les principaux résultats dans la revue *Biblica* de 1955. Cela lui donna l'idée de peindre sur les longs murs de la terrasse du second étage de la maison de Jérusalem, terrasse disparue en 1974 pour faire place à quelques chambres d'hôtes : il y exécuta le panorama de Bethléem vu de Ramat Rachel. Il s'intéressa aussi au site de Tabga, sur la rive occidentale du lac de Galilée et il publia en 1960 l'essentiel de ses investigations historiques et topographiques dans la revue *Estudios Eclesiasticos*. Enfin, il s'intéressa tout spécialement à la nécropole située à Nazareth sous le couvent des Sœurs de Nazareth : cette nécropole, qui remonte peut-être au 1er siècle de notre ère, possède, entre autres, un tombeau avec la pierre qui, une fois roulée, le fermait, tout comme au Saint-Sépulcre de Jérusalem ; jusqu'à l'époque byzantine, le lieu garde des traces de dévotion chrétienne ; le Père pensait y voir la maison de la Sainte Famille et il défendit cette thèse par de nombreuses études demeurées manuscrites ; aujourd'hui, cette thèse est loin de faire l'unanimité. À l'institut de Jérusalem, il mettait à profit ses talents de mécanicien, d'électricien, de maçon et même de jardinier, tout en s'occupant des hôtes, pour lesquels il établissait, par exemple, les plans des lieux qu'ils allaient visiter avec ou sans lui. L'âge venant, son cœur donnait de plus en plus de signes d'une grande fatigue et il s'éteignit, comme le Père Mallon trente ans plus tôt, à l'Hôpital Français de Bethléem le soir du 7 novembre 1964, victime d'infarctus répétés.

Le Frère Vives était né en 1889 dans le petit village de Maldà, près de Lerida en Espagne ; arrivé à l'institut de Jérusalem en 1929, il participa à toutes les fouilles de Teleilat Ghassul, y compris celles menées par le Père Robert North en 1959-1960 et, sans avoir jamais quitté Jérusalem, il s'éteignait dans son sommeil en 1963 : "il laisse partout une impression de sainteté", notait le Père Senès dans le diaire de la maison. Le Frère Šira, né en 1904 en Moravie orientale, aujourd'hui en Tchéquie, était entré dans la Compagnie en 1927 et, de 1930 à 1934, il avait servi à la résidence, puis au petit séminaire de Prague. Il arriva à Jérusalem en 1937 et en repartit en 1973, pour aller finir ses jours à l'Institut Biblique de Rome où il mourut en décembre 1974. Tailleur de formation, intelligent, méthodique et décidé, il fut le photographe de la compagne de fouilles menées à Ghassul en 1938 ; par la suite, il eut la charge des collections archéologiques et des archives du musée de l'institut, ainsi que de la bibliothèque ; formé à la géographie et à l'histoire de la Terre Sainte par le Père Fernández, il guidait avec compétence étudiants et pèlerins, d'autant mieux qu'il avait appris l'italien, l'anglais et le français[10]. Le Frère Decher était arrivé à Jérusalem à l'automne de 1933 ; cuisinier de la maison, comme on l'a dit, il était, lui aussi, polyglotte ; il rentra en Allemagne quarante ans plus tard. On le voit, sans ces Frères jésuites et sans le Père Senès, qui passèrent toute leur vie adulte au service de l'institut à Jérusalem, la maison n'aurait pu survivre.

B. L'ère Semkowski (1949-1972)

Le Père Ludwik Semkowski fut supérieur à Jérusalem durant dix-huit ans, de 1949 à 1954, puis de 1959 à 1972 ; dans l'intervalle de 1954-1959, il fut recteur du Collège Pontifical Polonais de Rome. Né en 1891 à Stary Sambor

---

[10] Même l'*Israel Exploration Journal* lui rendit hommage en 1975.

dans une famille d'agriculteurs polonais, entré dans la Compagnie en 1907, il avait été étudiant du Biblique romain de 1920 à 1923 et, à ce titre, avait participé à la "caravane" au Proche-Orient de 1923. Il étudia ensuite une année l'épigraphie sémitique à Stuttgart sous la direction du célèbre professeur Mark Lidsbarski. En 1925, il succéda au Père Paul Joüon sur la chaire d'hébreu biblique, d'araméen et d'épigraphie sémitique. C'est à ce titre qu'il assura, dès 1944 et jusqu'en 1954, la publication des deux derniers tiers du *Lexicon hebraicum Veteris Testamenti* que le Père Franz Zorell avait préparé mais que la cécité l'empêcha de porter à son terme. Durant ses années d'enseignement, on le revit plusieurs fois à Jérusalem, jusqu'au jour où il y fut envoyé pour diriger la succursale du Biblique.

C'était un hébraïsant dans l'âme : il parlait l'hébreu moderne avec l'accent de l'hébreu biblique ! D'une grande amabilité, calme et réservé, parlant plusieurs langues, il se fit beaucoup d'amis, en particulier à l'Université Hébraïque de Jérusalem : comme celle-ci n'avait plus accès à sa bibliothèque du Mont Scopus – conséquence de la guerre de 1948 – il ouvrit, dès son premier mandat, la bibliothèque de l'institut aux jeunes chercheurs israéliens, dont Abraham Malamat ou Shemaryahu Talmon, des futurs maîtres de cette université qui lui vouèrent une profonde reconnaissance. À cette époque, les jésuites étaient, outre le supérieur, les Frères Vives, Šira et Decher, ainsi que le Père Senès.

Durant son second et long mandat, deux périodes se distinguent, l'une précédant la guerre des Six Jours, du 5 au 10 juin 1967, l'autre après. De 1959 à 1967, la maison était pauvre et vide le plus souvent : les étudiants ne revinrent qu'à partir de 1957, surtout pour suivre durant l'été un cours d'hébreu moderne à l'Ulpan Etsion. Le Père Semkowski devait se charger en outre de l'intendance de la maison, tandis que le Père Senès, jusqu'à sa mort en 1964, s'occupait des hôtes.

La guerre des Six Jours aurait pu être fatale pour l'institut qui se trouvait à quelques dizaines de mètres du front. La communauté s'était réfugiée dans la cave, pleine de provisions ! Seuls deux obus aboutirent dans la bibliothèque sans faire aucun dégât. Au lendemain de cette guerre, la situation était totalement modifiée : Israël avait repris la vieille ville et occupait la Cisjordanie jusqu'au Jourdain. À Rome, le Biblique pensa améliorer la situation isolée de la succursale de Jérusalem et rendre un service aux étudiants en envoyant, à partir d'octobre 1968, ceux qui le voulaient suivre une année propédeutique de grec et d'hébreu à Jérusalem ; le Père Semkowski assurait le cours d'hébreu durant le premier semestre académique. Mais ce programme, qui n'avait obtenu qu'un succès mitigé, s'arrêta après cinq années, pour permettre en 1973-1974 la complète rénovation du bâtiment.

IV. Enfin de nouvelles perspectives (1975-2012)

La succursale de l'institut à Jérusalem avait déjà cinquante ans d'existence, mais elle continuait à végéter. Faute d'argent, le bâtiment n'avait jamais été rénové. Au plan académique, l'institut de Rome n'avait jamais proposé pour Jérusalem un programme réaliste et attractif. La situation était donc sérieuse. Le recteur Carlo Maria Martini, le futur cardinal de Milan, en charge depuis 1969, prit sur lui d'y remédier. Alors qu'à Rome il affrontait des problèmes analogues, il convainquit le Père Général Pedro Arrupe et l'économe général Eugen Hillengass que la rénovation complète de la maison de Jérusalem était une nécessité urgente, que le Père Semkowski n'avait pas manqué de signaler. En un peu plus d'un an, ce fut chose faite. Quant au problème académique, Martini, de sa propre initiative, entra en contact direct avec les autorités de l'Université Hébraïque de Jérusalem : il leur demandait d'accueillir un maximum de vingt-cinq étudiants du Biblique de Rome que le bâtiment restauré et agrandi pourrait loger et de leur donner un programme comportant les matières bibliques d'hébreu, d'histoire, d'archéologie et de géographie. L'accord conclu, le premier groupe arriva à Jérusalem en février 1975. Faut-il souligner que cet accord était dans la droite ligne de la déclaration *Nostra aetate* du concile Vatican II ? Celui-ci avait bien stipulé (n° 4, § 4) :

> Du fait d'un si grand patrimoine spirituel, commun aux chrétiens et aux juifs, le Concile veut encourager et recommander entre eux la connaissance et l'estime mutuelles, qui naîtront d'études bibliques et théologiques, ainsi que d'un dialogue fraternel.

Professeurs juifs israéliens et étudiants catholiques venus du monde entier apprendraient à se connaître et à s'apprécier dans un respect réciproque. Ce fut le cas, tant et si bien que ce programme conjoint s'est maintenu depuis bientôt quarante ans à la satisfaction des deux parties. À ce jour, quelque cinq cent cinquante biblistes catholiques en ont profité.

À partir de 1984, un second programme conjoint fut offert aux étudiants du Biblique. Durant le second semestre académique, une dizaine d'étudiants de l'institut romain irait suivre le programme de l'École Biblique et

Archéologique Française de Jérusalem. Ce fut une manière élégante de dépasser définitivement les antagonismes malheureux du début du siècle. Depuis l'an 2000, à l'institut de Jérusalem, un programme d'un mois est offert chaque année en septembre à une trentaine d'étudiant de l'institut de Rome : sous la direction de professeurs du *Studium Biblicum Francicanum*, il couvre les matières bibliques d'archéologie, de géographie et d'histoire. De la sorte, une majorité d'étudiants du Biblique ont l'occasion, durant leurs études, de venir en Terre Sainte suivre un de ces trois programmes et l'institut a de la sorte passé accord avec les trois principales institutions académiques de la Ville Sainte.

En 1989, le Père Général Peter-Hans Kolvenbach, à la demande de la communauté jésuite de Jérusalem, décida que celle-ci ne dépendrait plus du recteur du Biblique de Rome, sauf pour les matières académiques. De fait, les rapports entre les deux communautés demeuraient ténus, mais, désormais, l'intérêt de la communauté romaine pour celle de Jérusalem se dissipa encore davantage : rares furent alors les jésuites de l'institut romain à venir passer quelque temps à Jérusalem. En outre, le recrutement de jésuites pour assurer le bon fonctionnement de la maison de Jérusalem s'avérait de plus en plus difficile. Certes, il est normal que les supérieurs changent régulièrement, mais pour l'intendance de la maison, durant les trente dernières années, ce furent des frères jésuites de l'Inde qui prirent la relève ; souvent, ils ne restèrent que quelques années, alors que les frères étaient jadis à Jérusalem pour une trentaine d'années. Il en est de même actuellement pour les jésuites prêtres : ils ne restent jamais longtemps.

Parmi ces derniers, il convient de mentionner le Père Donatien Mollat, commentateur avisé des écrits johanniques ; arrivé à l'émérita en 1974, il quitta l'Université Grégorienne et se retira à l'institut de Jérusalem, à partir duquel il exerça un ministère, en particulier auprès de communautés de langue française ; il mourut trop tôt le lendemain de Pâques de 1977, laissant le souvenir d'un grand maître spirituel.

Parmi les supérieurs jésuites, on retiendra surtout le Père Francis F. Furlong ; il fut en charge de 1974 à 1981. C'est à lui qu'il revint de mettre en œuvre l'accord passé entre le Biblique et l'Université Hébraïque de Jérusalem ; il le fit avec cette courtoisie qui lui attirait la sympathie de tous, surtout de la part des professeurs de l'Université Hébraïque. Il mourut en 1990 aux États-Unis, sa patrie.

Une autre grande figure marquante, mais trop tôt disparue, fut le Père Juan Esquivias ; il passa une dizaine d'années à Jérusalem et mourut en 1995 à la suite d'une opération chirurgicale subie en Espagne. Savant discret, il collabora au dictionnaire hébreu-espagnol dirigé par le P. Luis Alonso Schökel et publié en 1994 : Juan Esquivias en avait vérifié tous les renvois bibliques. Il était aussi connu pour les visites du musée de l'institut où, entre 1984 et 1995, il commentait en hébreu moderne aux enfants des écoles israéliennes les richesses de nos collections. De santé fragile, il respirait la bonté et les catholiques des communautés de langue hébraïque appréciaient sa présence et son soutien.

Enfin, de 1980 à 1995, aux étudiants du Biblique de Rome, inscrits à l'Université Hébraïque de Jérusalem, le Père José Vicente Espinosa enseigna l'histoire du Nouveau Testament et leur faisait visiter les lieux saints chrétiens de Terre Sainte. En 2000, le Père Pino Di Luccio prit la relève jusqu'en 2009; en outre, en 2007, il obtint à l'Université Hébraïque de Jérusalem le doctorat avec une dissertation qui fut publiée sous le titre *The Quelle and the Targums: Righteousness in the Sermon on the Mount/Plain* (Analecta Biblica, 175), Rome, Pontificio Istituto Biblico, 2009 ; en 2007-2008, puis de 2012 à 2014, il fit cours à cette université sur le Nouveau Testament.

Par contre, le Père Francesco Rossi de Gasperis était arrivé à Jérusalem en 1977 en qualité de père spirituel et il quitta la Ville Sainte en 2011. Le plus souvent, il ne passait à Jérusalem qu'un semestre, car il continua à enseigner les sciences religieuses à l'Université Grégorienne jusqu'en 1995. Romain de souche, né en 1926, il était docteur en théologie avec une thèse qu'avait dirigée le célèbre jésuite canadien Bernard J.F. Lonergan. L'intérêt du Père Rossi de Gasperis pour le judaïsme et en particulier pour Jérusalem l'avait conduit à rédiger entre 1979 et 1996 une vingtaine d'articles de réflexion théologique sur le sujet, qui furent réunis en un volume de près de six cents pages sous le titre de *Cominciando da Gerusalemme. La sorgente della fede e dell'esistenza cristiana* (*En commençant par Jérusalem. La source de la foi et de l'existence chrétienne*) ; l'ouvrage parut en l'an 1997 avec une préface du cardinal Martini. La réflexion de l'auteur sur Jérusalem et la Terre Sainte, ainsi que sur le judaïsme, s'est poursuivie dans d'autres livres, comme, par exemple, *La roccia che ci ha generato. Un pellegrinaggio nella Terra santa come esercizio spirituale*, paru en 1994, ou encore *Maria di Nazareth, icona di Israele e della Chiesa*, paru en 1997.

C'est le Père Francesco qui eut l'idée d'organiser un programme biblico-ignatien de trois mois, du début mars à la fin mai, à l'institut de Jérusalem pour une quinzaine de jésuites italiens. Ce programme se terminait par la retraite annuelle de huit jours. Aidé par quelques collaborateurs, le Père Rossi de Gasperis réalisa ce programme annuel de 1984 à 1995 ; en 1989, un programme plus adapté fut offert à des frères jésuites d'Italie durant le mois de septembre. De la sorte, un grand nombre de jésuites italiens ont pu prendre un contact sérieux avec la Terre Sainte.

Ensuite, de 1996 à 1999, le Père Juan Manuel Martín Moreno, alors à Jérusalem, organisa un programme analogue de deux mois, en mars et avril, pour des jésuites espagnols qui, chaque année, vinrent de plus en plus nombreux : en 1999, ils étaient vingt-deux.

Pour l'année jubilaire 2000, la relève fut excellente. La maison de Jérusalem organisa, durant les mois de juin et de juillet, cinq programmes réservés à des jésuites provenant du monde entier : le Père J.M. Martín Moreno offrit en espagnol un *aggiornamento* sur le Nouveau Testament ; le Père Raymond Hlemick en dirigea un autre en anglais sur la résolution des conflits ; David Neuhaus en offrit un aux jésuites engagés dans le dialogue avec le judaïsme ; les Pères Frank Clooney et Anand Amaladoss, sur la spiritualité orientale ; le Père D. Neuhaus en réserva un cinquième aux scolastiques jésuites sur les rapports entre le judaïsme et l'islam. En juillet de l'année suivante, les Pères D. Neuhaus et Peter DuBrul introduisirent vingt-huit jésuites sur la situation des chrétiens en Terre Sainte.

Malheureusement, dans l'immédiat, cette initiative n'eut pas de lendemain. Il fallut attendre 2012 pour voir arriver de Milan à Jérusalem le Père Stefano Bittasi, envoyé précisément pour renouveler de tels programmes. Né en 1964 et entré déjà prêtre dans la Compagnie en 1996, il avait obtenu en 1991 la licence en sciences bibliques à l'institut et il était porteur d'un doctorat en théologie avec une thèse intitulée *Gli esempi necessari per discernere. Il significato argomentativo della struttura della lettera di Paolo ai Filippesi* (*Les exemples nécessaires pour discerner. La signification au niveau des arguments de la structure de la lettre de Paul aux Philippiens*), qui parut en 2003 dans la collection *Analecta Biblica*, n° 153, de l'institut romain. Il semble bien que des projets prometteurs soient en bonne voie.

QUELQUES AUTRES JÉSUITES
EN TERRE SAINTE
ENTRE 1960 ET 2012

Un prêtre-ouvrier

Antoine Roussos était né en 1914 sur l'île grecque de Syros dans une famille nombreuse de paysans modestes. Entré dans la Compagnie en 1933 à Yzeure, en France, il acheva son noviciat à Damas ; c'est là, puis à Bikfaya, au Liban, qu'il apprit l'arabe. Rentré en France pour y achever sa formation, il fut ordonné prêtre en 1943. En 1946, il revint au Proche-Orient et, en 1950, il passa au rite byzantin de l'Église melkite, à laquelle il demeura toujours fidèle. De 1952 à 1964, il exerça son ministère à Kerak, en Jordanie, puis dans un petit village de bédouins des environs. Après deux ans aux États-Unis et au Canada, il revint à Beyrouth, au service des réfugiés palestiniens. C'est alors qu'en 1968, il passa en Israël, y apprit l'hébreu et se fit maçon dans une entreprise de construction israélo-arabe de Haïfa, tout en servant, les week-ends, à la paroisse melkite d'Isfiya, un petit village sur le Mont Carmel. En 1980, arrivé à l'âge de la pension, il vécut trois ans à Bethléem avec le Père Peter DuBrul, tout en exerçant son ministère auprès des catholiques latins et melkites. Pendant les douze années suivantes, il fut aumônier d'hôpital à Beyrouth, jusqu'à ce que, atteint du parkinson, il revint à Isfiya au service d'une maison de personnes âgées, tenue par les Sœurs de la Charité de Gand. Le mardi de Pâques de 1995, un infarctus le frappa et il mourut dans le coma trois jours plus tard, le 21 avril, à l'hôpital Rambam de Haïfa ; le lendemain, on l'enterra à Isfiya. Ce prêtre-ouvrier s'était fait de nombreux amis chrétiens, juifs et musulmans, avec qui il avait travaillé dur de ses mains calleuses[1].

Un savant cardinal émérite

Au temps où il était à l'Institut Biblique Pontifical, Carlo Maria Martini (1927-2012) travaillait surtout dans le champ de la critique textuelle du Nouveau Testament. Il y était passé maître reconnu internationalement. Lorsqu'en septembre 2002, il quitta Milan, après vingt-

---

[1] LIBOIS, "Antoine Roussos", dans *Jésuites au Proche-Orient*, II, p. 46.

deux ans de service épiscopal, il s'établit à Jérusalem, dans la succursale de l'institut. Il avait souvent répété qu'il souhaitait finir ses jours à Jérusalem dans le recueillement et la prière. La maladie de parkinson qui l'avait déjà frappé depuis quelques années finit pourtant par l'obliger de rentrer en Italie en mars 2008.

Entre ces deux dates, il fut simplement un membre de la communauté des jésuites de l'institut. Il acceptait encore de donner quelques Exercices spirituels et recevait volontiers des groupes de pèlerins milanais[2]. Il se mit aussi à étudier l'hébreu moderne qu'il finit par connaître suffisamment pour célébrer l'Eucharistie en hébreu. C'est ainsi qu'il lui arriva d'accueillir à sa célébration un groupe d'étudiants de l'Université Hébraïque de Jérusalem désireux de connaître, en tout respect, le mystère chrétien.

Il se remit à la critique textuelle. Le Vatican souhaitait refaire l'édition du papyrus Bodmer contenant les deux épîtres de Pierre, dont Martini avait assuré la première édition de 1968. En 2003, parut donc la nouvelle édition mise à jour ; elle avait pour titre *Beati Petri Apostoli Epistolae Ex Papyro Bodmeriana VIII Transcriptae. Introductio, Textus et Apparatus*. Le cardinal avait encore un autre projet, celui

---

[2] TORNIELLI, *Gerusaleme. Martini e Tettamanzi insieme per la pace.*

d'analyser les notes marginales du *Codex Vaticanus*, qui contenait la version grecque Septante de toute la Bible et que le Vatican venait de reproduire comme jamais auparavant. Ce que Martini espérait trouver dans ces notes, c'était quelques indications sur l'histoire ancienne de ce codex, qui n'est connue à présent qu'à partir de son entrée dans les catalogues de la Bibliothèque Vaticane, vers la fin du XVe siècle. Mais la tâche était énorme et il ne put la mener à terme, laissant pourtant à la bibliothèque de la succursale la merveilleuse reproduction du codex.

Chose exceptionnelle, il accepta le doctorat *honoris causa* de l'Université de Bethléem, puis celui que lui offrit l'Université Hébraïque de Jérusalem, voulant ainsi le remercier pour tout son engagement dans les relations entre juifs et chrétiens. En janvier 2008, cette dernière université organisa un colloque interconfessionnel sur l'intercession : le cardinal donna une conférence publique sur ce thème, qu'il traita avec l'autorité de celui qui sait par expérience de quoi il parle.

C'est encore à Jérusalem qu'il eut avec son confrère jésuite autrichien Georg Sporschill ces fameuses *Conversations nocturnes à Jérusalem. Le risque de la foi* : rédigé en allemand sous le titre de *Jerusalemer Nachtgespräche. Über das Risiko des Glaubens*, le livre parut chez Herder en

2007 ; Martini osait y aborder les questions les plus difficiles qui se posent à l'Église d'aujourd'hui. Le livre eut d'ailleurs du retentissement, grâce aussi à des traductions en d'autres langues.

Pour saisir la profondeur de l'attachement de Martini à Jérusalem, il suffit de lire les explications qu'il donna lui-même :

> En étant ici, je sens que j'obéis à une impulsion intérieure, mais je perçois aussi la continuité avec saint Ignace qui en 1523 vint ici avec le ferme désir de s'établir en cette ville, pour l'amour du Seigneur Jésus et des mystères de sa Passion, de sa mort et de sa résurrection, qu'il voulait vénérer de plus près. Son rêve s'est réalisé pour moi au moins et pour la petite communauté des jésuites qui vivent à Jérusalem[3].
> Jérusalem est le symbole de toutes les attentes et de toutes les espérances humaines, le lieu où, de quelque manière, les souffrances humaines se concentrent, où les douleurs humaines se rencontrent, mais aussi où toutes les espérances se rallument. Si nous regardons vers Jérusalem, nous regardons dans la bonne direction. [...] Même celui qui semble être debout sur les murs, son cœur se trouve dans la cité, tandis que, de

---

[3] Cité par TORNIELLI, *Carlo Maria Martini*, p. 168 : je traduis.

> ses yeux, il embrasse les horizons qui, de Jérusalem, font entrevoir l'infini[4].
>
> Je pense que, dans la perception de la centralité de Jérusalem, il y a implicitement pour Ignace la perception de la signification de la réalité hébraïque pour comprendre le chemin de l'Église et du règne de Dieu[5].

La maladie l'affectant de plus en plus, Martini dut quitter Jérusalem le 27 mars 2008, pour rejoindre l'Italie. Il partit sur la pointe des pieds : trop ému probablement, il avait décidé d'éviter les adieux. Il s'éteignit à Gallarate, aux portes de Milan, le 31 août 2012.

Un aumônier enseignant à Bethléem

Originaire de la vallée de l'Ohio, le Père Peter B.J. DuBrul entra en 1954 dans la Compagnie en Nouvelle Angleterre à l'âge de dix-huit ans. Après ses premières études de philosophie, il partit en 1961 pour le Proche-Orient, répondant ainsi à l'appel que le Père Général John Janssens venait de lancer aux jeunes jésuites de venir aider cette

---

[4] Cité par MODENA, *Carlo Maria Martini*, pp. 289-290 : je traduis.
[5] Cité par MODENA, *Carlo Maria Martini*, p. 196 : je traduis.

Quelques autres Jésuites en Terre Sainte entre 1960 et 2012

Province de la Compagnie. Il enseigna une année au collège de Bagdad que les jésuites dirigeaient alors. Puis, il passa deux ans au Liban en y étudiant l'arabe, après quoi, durant deux ans, il reprit ses études de philosophie à l'Université de Damas. Il étudia ensuite la théologie au scolasticat de Fourvière, sur les hauteurs de Lyon, et, en 1969, fut ordonné prêtre à Damas dans le rite melkite. De retour à Lyon, il prit le doctorat en philosophie à l'Université de cette ville, avec une dissertation intitulée : *le Symbolisme de la Ville Sainte dans l'Apocalypse de saint Jean.*

Au cours de l'été de 1963, alors qu'il faisait en Terre Sainte sa retraite annuelle avec les scolastiques de sa Province, il prit conscience que celle-ci n'avait aucun apostolat auprès des Palestiniens, alors sous contrôle jordanien. Encouragé par ses Provinciaux successifs, il finit par arriver à Bethléem en août 1974 : les Frères des Écoles Chrétiennes lui proposaient un enseignement dans leur École de Bethléem et, avec l'accord de son Provincial, il l'accepta. Puis il fit de même à l'Université que les Frères venaient de fonder à Bethléem – réalisant ainsi un des vœux émis par Paul VI lors de son pèlerinage de janvier 1964 – et que fréquentent aussi bien musulmans que chrétiens ; à l'Université, il fut même le premier directeur des départements de sciences humaines et d'études religieuses : son enseignement touche la philosophie, la Bible et les cultures du monde entier ; il donne encore des conférences ou des cours, principalement sur la Bible, tantôt au centre œcuménique de Tantur – encore un vœu de Paul VI –, tantôt au Séminaire patriarcal de Beit Jala, tantôt au Centre de formation biblique tenu par les Sœurs de Notre-Dame de Sion à l'*Ecce Homo* dans la vieille ville de Jérusalem et ailleurs encore. Tout cela sans omettre l'aumônerie auprès des jeunes de l'École et de l'Université des Frères, ainsi que chez les Filles de la Charité de l'hôpital de la Sainte-Famille de Bethléem.

Délibérément inséré dans la région de Bethléem en continuelle expansion depuis 1967, ne visant que le service apostolique auprès des populations locales, il eut l'occasion de 1978 à 1987 de partager son logement avec l'un ou l'autre confrère jésuite, non seulement le Père Antoine Roussos, mais aussi les Pères George De Napoli ou Jan Bronsveld, le futur Provincial du Proche-Orient, qui tous les deux enseignèrent quelques années à l'Université des Frères.

Le Père DuBrul écrit beaucoup, surtout pour ses étudiants. Pour les écoles, il a produit à l'Université un DVD de plusieurs films, trois sur Jésus, quatre sur Paul et quatre sur l'Apocalypse, le livre biblique qu'il ne cesse d'approfondir. Il continue à rassembler toute une documentation de première main sur William Gifford Palgrave. Il a publié en 2003 une étude sur le Récit du Pèlerin : *Ignatius: Sharing the Pilgrim Story.*

Son expérience a fait qu'en 2010, à sa grande surprise, il fut appelé comme *peritus*, c'est-à-dire expert, au Synode romain pour les Églises Orientales.

Un Vicaire patriarcal

David Neuhaus est issu d'une famille juive de Johannesburg. Né en 1962, il émigra en Israël en 1977. Accueilli dans une famille palestinienne, il y appris l'arabe. Il prit un doctorat en sociologie à l'Université Hébraïque de Jérusalem. C'est proprement au Saint-Sépulcre qu'il découvrit par grâce le Christ. Ce devait être vers 1982. Par respect pour ses parents, il attendit dix ans avant de se présenter à la Compagnie de Jésus, où il fut reçu en 1992 dans la Province du Proche-Orient. Il poursuivit ses études par la théologie qu'il fit au Centre Sèvres des jésuites de Paris, puis par une licence en sciences bibliques qu'il obtint en l'an 2000 à l'Institut Biblique Pontifical de Rome. Il fut ordonné prêtre durant l'été de la même année dans l'église de Kyriat Yearim, à l'ouest de Jérusalem, par le Patriarche latin de Jérusalem, Mgr Michel Sabbah, en présence de ses parents et d'une grande foule. Depuis lors, il enseigne l'Écriture Sainte aux séminaristes du Séminaire patriarcal de Beit Jala. Il fut aussi un des prêtres latins au service de l'Œuvre de Saint Jacques, qui fut fondée dès 1955 et qui rassemble les catholiques de langue hébraïque en quatre communautés : à Jérusalem, à Beersheva, à Haïfa et à Tel Aviv. Conseiller apprécié des Patriarches latins Michel Sabbah, puis Fouad Twal, il est, depuis 2009 Vicaire patriarcal en charge de ces quatre communautés. À ce titre, il fut membre du Synode romain de 2010 consacré aux Églises Orientales.

Il est l'auteur, avec le Père Alain Marchadour, un exégète assomptioniste de renom, d'une étude intitulée *La terre, la Bible et l'histoire. Lecture chrétienne*, parue chez Bayard à Paris en 2006 et traduite en plusieurs langues.

Par ailleurs, même s'ils n'ont pas à proprement parler séjourné en Terre Sainte, il convient de signaler que quatre jésuites français, dont le Père Roger Braun (1910-1981), ont été invités à planter un arbre au mémorial de la Sho'ah à Yad Vashem, à Jérusalem, en reconnaissance pour l'aide qu'ils ont apportée aux Juifs durant la seconde guerre mondiale (1939-1945). Le Père John Janssens, qui, par la suite, fut Général de la Compagnie, avait aidé des juifs en Bel-

Quelques autres Jésuites en Terre Sainte entre 1960 et 2012

gique, alors qu'il était Provincial : à titre posthume, il reçut lui aussi les honneurs de Yad Vashem. Toujours pour les mêmes raisons, le Père Michel Riquet reçut en 1979 le doctorat *honoris causa* de l'Université Hébraïque de Jérusalem.

On ne peut pas non plus passer complètement sous silence les nombreux jésuites qui sont venus et viennent encore en Terre Sainte à la tête de groupes de pèlerins. Certains d'entre eux y sont revenus régulièrement, parfois même chaque année. C'est au moins le cas de deux Belges, les Pères Jean Radermakers et Étienne de Ghellinck. Le premier, qui, en 1960, avait pris ses grades en sciences bibliques à l'institut de Rome et avait étudié l'hébreu moderne, est un bon connaisseur de la Terre Sainte ; de 1968 à 2006, il guida des groupes d'étudiants de l'institut *Lumen Vitae*, de Bruxelles, dans la perspective de rencontrer le Seigneur qui s'était révélé sur cette terre aux Patriarches, à David et aux prophètes jusqu'à ce que le Verbe de Dieu s'incarne dans le Christ Jésus et soit reconnu comme tel par ses disciples. Depuis une vingtaine d'années, le second vient en Terre Sainte à la Pentecôte avec le groupe œcuménique de prière pour l'Unité du Corps du Christ, connu sous le nom des "Montées à Jérusalem".

CONCLUSION

Étrange histoire, à la vérité, semée d'échecs et, quand les portes ne se ferment pas, de réalisations modestes, mais souvent aux frontières.

Aujourd'hui les quelques jésuites qui vivent en Terre Sainte sont en paix avec les autorités publiques, quelles qu'elles soient : par tradition, les jésuites ne s'occupent pas de politique, ce qui pourtant ne les rend ni aveugles ni insensibles.

Ils sont en paix avec leurs frères et leurs sœurs catholiques et leur apportent surtout ce que la spiritualité ignatienne a de plus caractéristique, en particulier les Exercices spirituels. Ils sont en paix avec les autres chrétiens de Terre Sainte et restent animés par les orientations œcuméniques du concile Vatican II.

Au plan religieux, comme au niveau intellectuel, ils sont en paix avec les juifs, nos frères aînés, comme les appelait Jean-Paul II : de ce point de vue, la collaboration de l'Université Hébraïque de Jérusalem à la formation de biblistes catholiques a fait beaucoup pour un respect et une compréhension réciproques.

Ils sont en paix avec les Pères franciscains et, à l'Institut Biblique, bénéficient même de leur collaboration. De même avec les Pères dominicains de l'École Biblique, dépassant ainsi les antagonismes malvenus d'il y a un siècle.

Ils sont en paix avec les musulmans, avec certains desquels ils ont pu tisser des liens d'amitié, en tout cas de respect.

Reste que la présence de la Compagnie en Terre Sainte est modeste et, jusqu'à un certain point, aléatoire. Peu nombreux aujourd'hui comme hier, ces jésuites dépendent soit du Père Général, par le biais de son Délégué, soit de la Province du Proche-Orient. Ne devrait-on pas chercher à simplifier cette situation ? En fait, c'est le recrutement de jésuites pour la Terre Sainte, qui pose le plus de problèmes.

Les jésuites en Terre Sainte savent parfaitement bien qu'ils sont là pour *amar y servir*, sans aucune autre prétention. Leur histoire sur cette terre bénie les en a convaincus. Il n'empêche que toute la Compagnie de Jésus pourrait mieux profiter de son implantation actuelle à Jérusalem non seulement pour se ressourcer elle-même, mais encore pour donner plus largement ce qu'elle-même a reçu du Seigneur.

BIBLIOGRAPHIE

Mea ALLEN, *Palgrave of Arabia. The Life of William Gifford Palgrave*, London, Macmillan, 1972.

Augustin et Aloys DE BACKER, *Bibliothèque des écrivains de la Compagnie de Jésus ou Notices bibliographiques*, tome 3, Liège – Louvain – Paris – Lyon, 1876.

José CALVERAS, "¿Pudo la peste retrasar por un año la peregrinación de san Ignacio a Jerusalén?", *Analecta Sacra Tarraconensia*, 27 (1954), pp. 23-44.

Eutimio CASTELLANI (éd.), *Atti del Rev^{mo} Padre Lorenzo Cozza, Custode di Terra Santa (1709-1715)*, tome I (Girolamo GOLUBOVICH [éd.], Biblioteca bio-bibliografica della Terra Santa e dell'Oriente Franciscano. Nuova Serie – Documenti, 4), Quaracchi, Collegio di s. Bonaventura, 1924.

Hubert CIESLIK, "Pedro Kasui (1587-1639). Der letzte japanische Jesuit der Tokugawa-Zeit", in *Monumenta Nipponica*, 15,1-2 (1959), pp. 35-86 ; traduction en anglais de Francis Mathy, "Peter Kasui Kibe S.J.".

Ludwig CONRADY (éd.), "1523. Hodoporika tou patros mou, Philippe Hagen", in *Vier Rheinische Palaestina-Pilgerschriften des XIV. XV. und XVI. Jahrhunderts*, Wiesbaden 1882, pp. 230-289.

DHCJ = *Diccionario Histórico de la Compañía de Jesús*, ed. C.E. O'NEILL – J.M. DOMÍNGUEZ, Rome, Institutum Historicum – Madrid, Universidad Pontificia Comillias, 2001, 4 vol.

Peter B.J. DUBRUL, *Ignatius: Sharing the Pilgrim Story. A Reading of the Autobiography of St. Ignatius de Loyola* (Inigo Texts Series, 6), Leominster, Gracewing – New Malder, Inigo Enterprises, 2003.

H.R. DUTHILLOEUL (éd.), *Voyage de Jacques Le Saige à Rome, [...] Jérusalem et autres saints-lieux*, Douai, 1851.

P. DUVIGNAU, *Une vie au service de l'Église. S.B. Mgr Joseph Valerga*, Jérusalem, 1972.

Andrés FERNÁNDEZ TRUYOLS, *Vida de Nuestro Señor Jesús Cristo* (Colectanea Biblica, 3), Madrid, Ed. Catolica, 1948.

Maurice GILBERT, "Le pèlerinage d'Iñigo à Jérusalem en 1523", *Nouvelle Revue Théologique*, 112 (1990), pp. 660-685 ; traduction espagnole : *Manresa* 63 (1991), pp. 33-54 ; traduction italienne : *Appunti di spiritualità* 33 (1992), pp. 68-91.

Maurice GILBERT, "Tierra Santa", *Diccionario Histórico de la Compañía de Jesús*, Rome – Madrid, 2001, tome 4, pp. 3796-3802.

Maurice GILBERT, *L'Institut Biblique Pontifical. Un siècle d'histoire (1909-2009)*, Rome, Pontificio Istituto Biblico, 2009, spécialement pp. 307-457 ; traductions italienne et anglaise.

G. Golubovich (éd.), *Fr. Suriano, Il trattato di Terra Santa e dell'Oriente*, Milan, Artigianelli, 1900.

G. Hofmann, "Griechische Patriarchen und römische Päpste", *Orientalia Christiana*, 30, 1 (1933), pp. 21-22.

Henri Jalabert, *Jésuites au Proche-Orient. Notices biographiques* (Hommes et Sociétés du Proche-Orient), Beyrouth, Dar el-Machreq, 1987.

Michel Jullien, *La nouvelle mission de la Compagnie de Jésus en Syrie (1831-1895)*, tome I, Tours, 1898.

Robert Koeppel, Henri Senès, J.W. Murphy, G.S. Mahan, *Teleilat Ghassul*, tome II, *Compte rendu des fouilles de l'Institut Biblique Pontifical, 1932-1936*, Rome, Institut Biblique Pontifical, 1940.

Sami Kuri (éd.), *Monumenta Proximi-Orientis*, tome I : *Palestine – Liban – Syrie – Mésopotamie (1523-1583)*, et tome III : *Palestine – Liban – Syrie – Mésopotamie (1583-1623)* (Monumenta Historica Societatis Iesu, 136 et 147), Rome, Institutum Historicum Societatis Iesu, 1989 et 1994.

Marie-Joseph Lagrange, *Au service de la Bible. Souvenirs personnels*, éd. P. Benoit, O.P., (Chrétiens de tous les temps, 22), Paris, Cerf, 1967.

H. Lammens, "Découverte d'une Bulle de Jules III concernant les Saints Lieux et la Compagnie de Jésus", *Études*, 70 (1897, I), pp. 72-86.

Gabriel LEBON [?] – G. LEVENQ (éds [?]), *Missionnaires jésuites du Levant dans l'Ancienne Compagnie*, Beyrouth, [1935 ?].

Leonardus LEMMENS (éd.), *Acta S. Congregationis de Propaganda Fide pro Terra Sancta*, tome I, *1622-1720* (Girolamo GOLUBOVICH [éd.], Biblioteca bio-bibliografica della Terra Santa, Nuova Serie – Documenti, 1), Quaracchi, Collegio di s. Bonaventura, 1921.

Pedro DE LETURIA, *El gentilhombre Iñigo López de Loyola en su patria y en su siglo. Estudio histórico*, Montevideo, Ed. Mosca, 1938.

Pedro DE LETURIA, *Estudios ignacianos*, tome I, Rome, 1957.

G. LEVENQ, *La première mission de la Compagnie de Jésus en Syrie. 1625-1774*, Beyrouth, 1925.

Charles LIBOIS, *Jésuites au Proche-Orient. Notices biographiques*, tome II: *1986-2004* (Hommes et Sociétés du Proche-Orient), Beyrouth, Dar el-Machreq, 2009.

Alexis MALLON, Robert KOEPPEL, René NEUVILLE, *Teleilat Ghassul*, tome I. *Compte rendu des fouilles de l'Institut Biblique Pontifical, 1929-1932*, Rome, Institut Biblique Pontifical, 1934.

B. MANZANO MARTÍN, *Iñigo de Loyola, peregrino en Jerusalén, 1523-1524* (Ensayos, 91), Madrid, Ed. Encuentro, 1995.

Alain MARCHADOUR – David NEUHAUS, *La terre, la Bible et l'histoire. Lecture chrétienne*, Paris, Bayard, 2006.

Damiano MODENA, *Carlo Maria Martini, custode del Mistero nel cuore della storia*, Milan, Paoline, 2005.

Charles NERET, "Lettre du Père Neret, missionnaire de la Compagnie de Jésus en Syrie Au Père Fleuriau de la même Compagnie", dans *Nouveaux Mémoires des missions de la Compagnie de Jésus dans le Levant*, tome V, Paris, 1725, pp. 1-121 ; réédité par Isabelle et Jean-Louis VISSIÈRE, *Lettres édifiantes et curieuses des Jésuites du Levant*, Paris, Éd. Desjonquières, 2004, pp. 161-200.

René NEUVILLE, ; "Le R.P. Alexis Mallon. Ancien Président de la Palestine Oriental Society", *Journal of Palestine Oriental Society*, 14 (1934), pp. 237-242.

René NEUVILLE, "Heurs et malheurs des Consuls de France à Jérusalem aux XVIIe, XVIIIe et XIXe siècles. I", *Journal of the Middle East Society*, 1,2 (1947), pp. 3-34.

Robert G. NORTH, *Ghassul 1960 – Excavations Report* (Analecta Biblica, 14), Rome, Institut Biblique, 1963

Ignacio ORTIZ DE URBINA, *San Ignacio de Loyola y los Orientales*, Madrid, 1950.

William Gifford PALGRAVE, *Narrative of Year's Journey through Central and Eastern Arabia*, 2 volumes, Londres, Macmillan, 1865.

Antoine RABBAH, *Documents inédits pour servir à l'histoire du christianisme en Orient*, tome I, Paris – Leipzig – Londres, 1905.

R. RÖHRICHT, *Bibliotheca geographica Palestinae*, Berlin, 1890.

Francesco ROSSI DE GASPERIS, *Cominciando da Gerusalemme. La sorgente della fede e dell'esistenza cristiana*, Casale Monferrato, Piemme, 1997.

Francesco SACCHINI, *Historia Societatis Iesu*, tome I, Romae, 1621.

André THIRY (éd.), *Le récit du Pèlerin. Autobiographie de saint Ignace de Loyola*, Louvain, DDB, 1956.

H. THOELEN, *Menologium*, Roermond, 1901.

Andrea TORNIELLI (éd.), *Gerusalemme. Martini e Tettamanzi insieme per la pace. Il cammino del Consiglio Ecumenico delle Chiese di Milano*, Casale Monferrato, Piemme, 2004.

Andrea TORNIELLI, *Carlo Maria Martini, il profeta del dialogo*, Milan, Piemme, 2012.

Raffaele TRAMONTANO, *Un viaggio in Oriente*, Lecce, 1914.

Leza M. UFFER (éd.), *Peter Flüesslis Jerusalemfahrt 1523 und Brief über den Fall von Rhodes*, Zürich, 1922.

P. VERNIERO DI MONTIPILOSO, *Croniche ovvero Annali di Terra Santa*, 1 (1929), pp. 294-302 ; 5 (1936), pp. 41-45.

B. ZIMOLONG, *Navis Peregrinorum. Ein Pilgerverzeichnis aus Jerusalem von 1561 bis 1695*, Cologne, 1938.

INDEX DES NOMS DE PERSONNES

Abela, Mgr: 76
Adrien VI: 34, 40
Aharoni, Yohanan: 115
Albright, William F.: 109
Allen, Mea: 93, 143
Alonso Schökel, Luis: 124
Amaladoss, Anand: 126
Amato, Mario: 76
Amieu, Jean: 86
Antonio, Cistercien: 67
Aquaviva, Claude: 71
Arrupe, Pedro: 120
Astorri, Giuseppe: 102
Atenágoras, Patriarca: 5
Augery, Humbert: 80
Bea, Augustin: 108-109, 114-115
Becherel, Pierre: 80
Bellarmino, Robert: 78
Ben Gourion, David: 113

Benedetti, Giacomo: 76
Benoit, Pierre: 145
Benoît XV: 103
Benoît XVI: 7, 79
Berchmans, Jan: 78
Besson, Joseph: 80-81
Bicornet, Charles: 82
Bittasi, Stefano: 127
Boisot, Joseph: 81
Bonnet, Guillaume: 87
Borgia, François de: 28, 65
Bottereau, G.: 82
Bourgeois, Raymond: 86
Bovier-Lapierre, Paul: 106
Boynes, Norbert de: 104
Bracco, Vincent: 91
Braun, Roger: 138
Breyé, René: 88
Bronsveld, Jan: 136

Bruno, Fabio: 77
Bruno, Giovanni: 76
Buono, Francisco: 77
Calveras, José: 35, 143
Canillac, François: 70-71, 77
Canisius, Pierre: 44
Castellani, Eutimio: 74, 143
Chanon, Jean: 31
Chanteur, Claude: 101-102
Charles-Quint: 63
Charron, Jean-Baptiste: 87
Cieslik, Hubert: 77, 143
Clisson, René: 80
Clooney, Frank: 126
Condamin, Albert: 93
Conrady, Ludwig: 143
Cozza, Lorenzo: 73-74, 143
Crampon, Ernest: 92
Cuche, Philippe: 91
d'Aultry, Isaac: 79
Dandini, Girolamo: 77
de Backer Aloys: 83, 143
de Backer, Augustin: 83, 143
de Bourgogne, Philippe: 46
de Caserta, Jean: 40

de Ghellinck, Étienne: 139
de Lerne, Yves: 87
De Napoli, George: 136
de Poiresson, Nicolas: 80
de Portu, Jacques: 45, 55
de Rhodes, Alexandre: 80
de Salazar, Diego: 77
de Tarragon, Jean-Michel: 109
de Vois, François: 87
de Voragine, Jacques: 19
Decher, Eduard: 114, 117, 119
des Hayes, Louis: 72
des Moulins, Claude: 81
Dias, Baltasar: 76
Di Luccio, Pino: 124
Dionisi, Gio Bernardino: 76
Distel, Bernard: 79
Domínguez, J.M.: 144
Dominique, saint: 20-21
DuBrul, Peter B.J.: 127, 130, 136, 144
du Coëtlosquet, Jeanne: 100
Duthilloeul, H.R.: 144
Duvignau, P.: 90-91, 144
Eguias, Diego, de: 61

Index des noms de personnes

Eliano, Gianbattista: 76-77
Enecus = Loyola, Iñigo de
Enrique de Portugal: 76
Espinosa, José Vicente: 124
Esquivias, Juan: 123-124
Ettinger, Tirsa: 110
Faller, Klemens: 92
Favre, Pierre: 44, 62-63
Féderlin, Jean-Louis: 100
Fernández Truyols, Andrés: 103, 113, 117, 144
Fleuriau: 83, 147
Flüessli, Peter: 41-44, 47-50, 148
Fonck, Leopold: 9, 93-94, 98-105
Foujols, Antoine: 99
François, Pape: 5
François d'Assise, saint: 20-21, 68
Furlong, Francis F.: 123
Gilbert, Maurice: 5, 8-10, 94, 97, 144
Giusti, Constantin: 89
Godet, Paul-Guillaume: 86
Golubovich, Girolamo: 143, 145-146
Gonçalvez da Câmara, Luis: 17, 23, 34, 37
Grégoire XIII: 76

Greslon, Adrien: 86
Gritti, André: 39
Hagen, Philippe: 41-44, 47-48, 50, 54, 143
Haudiquer, Claude: 87
Hillengass, Eugen: 120
Hlemick, Raymond: 126
Hodoul, Pierre: 88
Hoffmann, G.: 71, 145
Hugo, O.F.M.: 46, 50-51, 53
Jalabert, Henri: 91, 93, 106, 145
Janssens, John: 134, 138
Jean-Paul II: 141
Joüon, Paul: 118
Jules III: 64-65, 67, 145
Jullien, Michel: 90, 93, 145
Kasui (Kibe), Pedro: 8, 77-79, 143
Kibe, Romano: 78
Kobbie, Pierre M.: 87
Koeppel, Robert: 107, 110-111, 145-146
Kolvenbach, Peter-Hans: 122
Kuri, Sami: 145
La Bretesche, Jean: 72
La Rochefoucauld, François de: 72

151

Las Casas, Ignacio de: 76
Lagrange, Marie-Joseph: 9-10, 94, 98-101, 145
Lainez, Diego: 28, 32, 55, 61, 66-67
Lammens, Henri: 65, 145
Lanza, Francisco: 76
Lavigerie, Charles M.: 92
Le Febure, Claude: 80
Le Saige, Jacques: 39, 45, 144
Lebon, Gabriel: 75, 146
Ledóchowski, Wlodimir: 103-104, 106, 108
Lemmens, Leonardus: 73-74, 146
Lempereur, Jean: 72-73
Léon XIII: 94
Leroy, Hippolyte: 93
Leturia, Pedro de: 21, 61-62, 64, 146
Levenq, G.: 71, 74-75, 146
Libois, Charles: 130, 146
Lidsbarski, Mark: 118
Lonergan, Bernard J.F.: 125
Louis XIII: 71-72
Louis XIV: 73, 85

Loyola, Ignace de = Loyola, Iñigo López de: 3, 6-68, 78, 83-85, 89, 133-134, 137, 143-144, 146-148
Loyola, Martín García de Oñaz de: 29
Loyola, Pedro López de: 27-29
Lyonnard, Jean: 90
Mahan, G. S.: 145
Malamat, Abraham: 118
Mallon, Alexis: 102-110, 114, 116, 146, 147
Manes, Diego: 41, 48
Maniglier, Gaspard: 79
Manzano Martin, B.: 40, 146
Marcel II: 67
Marchadour, Alain: 138, 146
Marietti, Giovanni A.: 77
Martín Moreno, Juan Manuel: 126
Martini, Carlo Maria: 120, 125, 130-134, 146, 148
Maspéro, Gaston: 105
Mathy, Francis: 143
Merici, Angela, sainte: 53
Merry del Val, Rafael: 97, 100

Index des noms de personnes

Metoscita, Pietro: 77
Mlodzianowski, Tomasz: 86
Modena, Damiano: 134, 146
Mollat, Donatien: 123
Montboissier de Canillac, François
  = Canillac 70
Montini, Giovanni Battista: 112
Murphy, J.W.: 145
Nacchi, Antoine-Marie: 74
Nadal, Jérôme: 20
Napoléon III: 93
Nau, Michel: 80
Neret, Charles: 82-86, 147
Neuhaus, David: 126, 137, 146
Neuville, René: 73, 106, 110, 146-147
North, Robert G.: 111, 116, 147
O'Neill, C.E.: 144
Onuphre, saint: 20-21, 24
O'Rourke, John J.: 104
Ortiz de Urbina, Ignacio: 68, 147
Pacifico, Lorenzo: 76
Palgrave, William Gifford: 93, 137, 143, 147

Parvilliers, Adrien: 80
Pascal, Jean: 41
Paul III: 62- 64
Paul IV: 67
Paul V: 71
Paul VI: 5, 112, 135-136
Peralta, Pedro: 61
Petitqueux, François-Xavier: 87
Philippe II: 75-77
Pie VII: 5
Pie IX: 90
Pie X: 94, 97, 99-101, 103
Pie XI: 104, 108-109
Pillon, René: 87
Polanco, Juan Alonso de: 55
Queyrot, Jérôme: 70, 77
Rabbah, Antoine: 73, 147
Radermakers, Jean: 139
Radzivill, Christophe: 76
Raggio, Tommaso: 76
Ratisbonne, Alphonse-Marie: 91- 92
Resteau, Antoine: 81-82
Reynald, Jean: 87
Ribadeneira, Pedro de: 41, 43-44

Richard, Jean-Joseph: 88
Rigauld, Gilbert: 86
Rihesius, George: 87
Riquet, Michel: 139
Riquette, Pierre: 87
Rivoire, Benoît: 80
Rodet, Augustin: 91
Rodriguez, Jerónimo: 76
Rodriguez, Simon: 67
Röhricht, R.: 75, 81, 147
Ronzevalle, Sébastien: 99
Roothaan, Jan: 93
Rossi de Gasperis, Francesco: 3, 7-11, 124-126, 147
Roussos, Antoine : 129-130, 136
Roze, Joseph: 91
Ryskewaert, Arnold: 87
Sa, Callixte de: 61
Sabbah, Michel: 137-138
Sacchini, Francesco: 76, 148
Salmerón, Alfonso: 62
Sant'Angelo, Leonardo: 76
Sasso, Francisco: 77
Saulger, Robert: 81
Sauvage, Gilles-Antoine: 87

Saxe, Ludolphe de: 19, 21
Seguran, Marc-Antoine: 88
Semkowski, Ludwig: 117-120
Senès, Henri: 111, 114, 116-117, 119, 145
Sigala, Jean: 87
Šira, Joseph: 114, 116-117, 119
Sporschill, Georg: 132
Suriano, Fr.: 47, 145
Talmon, Shemaryahu: 118
Tempest, John: 83
Tettamanzi, Dionigi: 131, 148
Theissling, Louis: 103
Théophane II: 70
Thiry, André: 17, 148
Thoelen, H.: 92, 148
Tornielli, Andrea: 131, 133, 148
Tramontano, Raffaele: 102, 148
Twal, Fouad: 138
Uffer, Leza M.: 41, 148
Urbain VIII: 74
Valerga, Giuseppe: 90-91, 144
Van Ham, Joseph: 91
Verniero di Montipiloso: 71, 73, 148
Verzeau, Jean: 87

Index des noms de personnes

Vissière, Isabelle: 83, 147
Vissière, Jean-Louis: 83, 147
Vitelleschi, Mucio: 72, 79
Vives, Antonio: 107, 114, 116, 119
Wernz, François-Xavier: 97, 101

Xavier, François: 8, 65, 78
Zárate, Pedro: 65, 68
Zimolong, B.: 75, 148
Zorell, Franz: 118

Nos racines sont à Jérusalem. C'est aussi vrai des Compagnons de Jésus. Et tout d'abord d'Ignace de Loyola. Son projet de s'y établir a pourtant essuyé un refus. Par la suite, devenu Général de la Compagnie, il gardait l'espoir d'y implanter un collège ou une résidence. Cet espoir fut ensuite partagé par d'autres jésuites durant quatre siècles : toujours en vain. Seuls des pèlerins jésuites, – ils furent assez nombreux, – purent visiter la Ville Sainte et le pays. Il fallut attendre la création par le Saint-Siège d'une succursale de l'Institut Biblique Pontifical à Jérusalem pour qu'enfin le rêve ignatien se réalise, modestement cependant. Depuis un demi-siècle, quelques autres jésuites opèrent en Terre Sainte. C'est toute cette histoire que ce livre raconte par le menu.

Maurice GILBERT, jésuite belge, né en 1934, est professeur émérite de l'Institut Biblique Pontifical, dont il a publié, entre autres, une histoire à l'occasion de son centenaire en 2009.

Finito di stampare nel mese di Maggio 2014
presso Mediagraf Spa - Noventa Padovana (Pd)